분재 재배법

한국의 사계절 분재

한국야생화 연구회 편

Wild Flowers and Bonsai of Korea

아이템북스

■ 책을 내면서…

요즘 우리는 푸름이 없는 콘크리트의 숲에서 살아 가고 있습니다. 도시 사람들은 항상 마음속에 고향의 뒷동산이나 계곡의 맑은 물을 생각합니다.

도시에서 조금 떨어져 살고 있는 사람일지라도 옆에서 푸른 숲을 본다는 것이 힘들고 어려워졌습니다. 지천에 흔했던 할미꽃 · 제비꽃 · 민들레 등도 쉽게 찾아볼 수 없는 식물이 되었고, 우리 주위에는 이 땅의 자생꽃보다는 펜지 · 페튜니어 · 샐비아가 더 흔합니다.

인류 문명은 사람들의 삶의 질을 보다 편리하게 바꿔 놓았으나 자연은 저 멀리 달아나게 하였습니다. 주거 형태가 바뀌면서 형형색색의 외래종 식물이 주거 공간까지 차지하였고, 토종식물은 서서히 우리 곁에서 사라지고 있습니다.

산과 들로 나가 보아도 우리의 토종 들꽃은 보이지 않고 보인다고 해도 이름도 모르고 바라보고 오는 것이 요즘의 현실입니다.

그러나 다행스럽게도 몇 년 전부터 동호회가 생겨났고 봄이면 여기저기서 우리 꽃 전시회를 알리는 소식이 전해져 옵니다. 정말 다행한 일이

아닐 수 없습니다.

철철이 화분에서 피고 지는 자생화가 너무도 아쉬워 농원을 운영하며 20년을 생활하는 틈틈이 꽃피는 시기에 맞추어 슬라이드 필름에 담았고, 그 것을 모아 우리 야생화도감을 편찬하게 되었습니다.

야생화를 좋아하시는 모든 분이 이 도감을 보며 한국 들꽃의 아름다움을 다시 한번 느끼게 할 수만 있다면 더 이상 바랄 것이 없겠습니다. 또한 원고를 준비하며 한국의 특산식물, 멸종위기식물, 보호식물을 최대한 표기하려고 노력했습니다.

본 도감을 내며 모자라는 사진 원고를 아낌없이 제공해 주신 부산의 이춘희 여사님께도 진심으로 감사를 드리며 이 도감을 준비하는 동안 주위에서 격려하여 주신 모든분들에게 이 자리를 빌려 다시 한번 감사를 전합니다.

■ 일러두기

1. 이 책에 수록된 야생초는 우리나라 산과 들에 자생하는 식물로 제한하였고 누구나 손쉽게 기를 수 있도록 식물의 특성과 형태, 화재 응용 방법들을 수록하였다.

2. 식물의 배열은 꽃이 피는 시기에 따라 수록하였고 분재법과 일반 노지 재배를 할 때의 조건 등을 상세히 기록하려고 노력하였다.

3. 식물의 과명과 학명은 대한식물도감이창복 저에 따랐으며 원산지가 외래종이라도 우리나라에 귀화한 식물로 자생하고 있는 품종도 자생종으로 취급하였다.

4. 산야초의 설명과 해설 및 재배법은 필자가 20여 년간 농장을 경영하면서 재배한 경험을 토대로 하였다.

5. 개화 시기는 필자의 온실 재배 기간에 따랐으므로 타 문헌과 약간의 차이가 있을 수 있다.

contents

contents

복수초

햇빛 관계 : 반양, 반음 / 내한성 : 강 / 물관리 : 보통 / 비료관리 : 좋아함

특성과 형태

다년생 식물로 높이 10~25cm 이내. 뿌리에서 나온 잎은 원줄기를 감싸고 줄기에서 나온 잎은 서로 어긋나게 나온다. 꽃은 노란색으로 줄기 끝에 1송이씩 달리며 해가 뜨면 활짝 피고 흐린 날에는 꽃잎을 오므린다.

번식법

가을에 분갈이를 하면서 포기 나누기로 번식한다. 종자 번식은 초여름에 채취한 종자를 묘판에 식재한 후 이듬해 봄에 발아하면 그 자리에서 2~3년 기른 후 이식한다.

이식 후 약 5년 경과 하면 개화주가 된다. 산지에서 무분별 채취로 점차 사라지고 있는 식물이다.

분 재배법

비옥한 토양과 약간의 보습성이 있으면 반 그늘진 곳에서 재배하기 좋다.

분에 재배할 시는 좀 깊은 분을 선택하는 것이 좋다. 가루를 뺀 산모래나 마사토화장토에 부엽 20%정도를 섞은 흙에 심어주고 가는 마사토를 덮어 주고 배수처리가 잘되게 한다. 봄철에 충분한 햇빛을 쪼여 주고 꽃이 핀 뒤에는 반그늘에서 관리한다.

돌단풍

햇빛 관계 : 반양, 반음 / 내한성 : 강 / 물관리 : 좋아함 / 비료관리 : 보통

특성과 형태

다년생 식물로 산지의 물가나 바위 틈에 붙어 자란다.
줄기는 옆으로 뻗어나가며 수많은 마디가 있다. 잎은 긴 잎자루 끝에 손바닥꼴로 달리는데 5~7개로 갈라지고 가장자리에 톱니가 있다. 잎의 모양이 단풍나무잎과 흡사하며 꽃은 3~4월 경에 줄기 끝에 분홍빛이 도는 흰 꽃이 뭉쳐서 핀다. 가을에 붉게 단풍 드는 잎이 아름답다.

번식법

가을에 분갈이를 하면서 포기 나누기로 번식하고 꺾꽂이를 하여도 뿌리를 잘 내린다. 씨앗을 이용하여 증식할 수도 있다.

분 재배법

공중 습도를 좋아하지만 뿌리가 너무 습한 곳은 피해야 하고 오전에 햇빛이 잘 드는 장소로 물 빠짐이 좋은 사질토에서 재배하는 것이 좋다.
분에 재배할 시는 가루를 뺀 산모래나 마사토에 약간의 부엽토를 섞은 흙에 심는다. 물빠짐을 좋게 하고 반 그늘에서 관리하며 거름은 봄 · 가을에 깨묵을 썩힌 물비료를 월 1~2회 정도 준다. 분갈이는 1~2년에 한번 실시한다.

서향

햇빛 관계 : 호광성 / 내한성: 약 / 물관리 : 좋아함 / 비료관리 : 좋아함

특성과 형태

중국이 원산지인 상록관목으로서 제주도 및 남부 지방에서 많이 심는다. 높이 1m에 달하고 원줄기는 곧으며 가지가 많고 튼튼한 갈색 섬유가 있다. 잎은 호생하며 타원형 또는 피침형으로 가장자리가 밋밋하다. 꽃은 2가지로서 3~4월에 피며 백색 또는 홍자색이고 향기가 있으며 묵은 가지 끝에 두상으로 모여 달린다. 서향瑞香은 본래 중국명이다.

번식법

가을 분갈이시 포기 나누기로 번식하고 꺾꽂이로도 번식된다.

분 재배법

노지에 재배할 때는 햇빛이 잘 드는 양지바른 곳으로 부엽질과 유기질이 풍부한 땅에 심어 주고 특별한 시비는 필요치 않다.

분에 재배할 시는 좀 크고 깊은 분을 택하여 산모래와 마사토에 20~30% 부엽을 혼합한 흙에 심어 주고 물과 거름은 좋아하지만 도장을 조심해야 하므로 많은 양은 삼가하는 것이 좋다. 충분한 일조량으로 도장을 막아야 한다. 향이 좋기 때문에 속명 천리향千里香이라고도 한다.

각시붓꽃

햇빛 관계 : 반음 / 내한성 : 강 / 물관리 : 보통 / 비료관리 : 보통

특성과 형태

다년생 식물로 높이 30cm 내외. 줄기 아래쪽이 갈색 섬유질로 덮여 있다. 잎은 약간 딱딱하고 꼿꼿이 서며 짙은 녹색이고 밑둥은 붉은 빛을 띤다. 짧은 꽃자루 끝에 보랏빛 꽃이 1송이씩 핀다.

번식법

포기 나누기로 번식하고 종자를 채취해서 바로 파종하면 곧 발아한다.

분 재배법

분에 재배할 시는 밑 부분에 굵은 마사를 25% 정도 깔고 가루를 뺀 산모래나 마사토를 채워 물 빠짐을 좋게 한다.

봄 · 가을은 양지바른 곳에서 약간 건조하게 관리하며 거름은 물 비료를 월 1~2회 정도 준다.

◀ 붓꽃

민둥제비꽃

햇빛 관계 : 반양, 반음 / 내한성 : 강 / 물관리 : 좋아함 / 비료관리 : 좋아함

특성과 형태

전국에서 비교적 흔하게 자라는 다년생 식물이다. 짧은 근경에 바로 붙은 잎은 여러 장이다. 꽃잎은 연한 자주색 바탕에 세로 무늬가 들어 있다.
전초를 약제로 쓴다.

번식법

봄 · 가을 분갈이시 포기 나누기를 하여 증식시키며 종자를 뿌려 번식시킨다.

분 재배법

강한 식물이기에 특별한 토질을 가리지 않고 척박한 곳에서도 잘 자란다.
오전 햇빛이 잘 들고 반 그늘진 곳에서 재배한다.
분에 재배할 시는 가루를 뺀 산모래나 마사토에 심어 물 빠짐을 좋게 한다. 물은 하루 한 번 흠뻑 주며 거름은 깻묵 썩힌 물 비료를 월 1~2회 준다.
여름철에는 반 그늘에서 관리한다.

금붓꽃

햇빛 관계 : 내음성 / 내한성 : 강 / 물관리 : 보통 / 비료관리 : 보통

특성과 형태

다년생 식물로 높이 15cm 내외. 산 속 그늘진 곳에서 칼과 같이 생긴 긴 잎이 3~4매 겹쳐서 자라며 꽃이 필 무렵에는 잎이 더 길게 꼿꼿이 선다. 꽃은 선황색으로 줄기 끝에 1송이씩 달리며 꽃잎은 6매로 바깥 3장은 크고 속의 3장은 작다.

번식법

꽃이 진 뒤에 갈아 심기를 하면서 포기를 나누어서 번식한다. 씨앗으로도 증식할 수 있다.

분 재배법

성질이 강인한 식물이기에 어떤 주위 환경이나 토질에 관계 없이 잘 자라지만 여름철 고온 다습에 약하므로 바람이 잘 통하는 반 그늘에서 재배하는 것이 좋다.

분에 재배할 시는 조금 깊은 분을 택하여 가루를 뺀 산모래나 마사토에 심어 배수가 잘 되게 한다. 여름에 배수처리가 불량하면 뿌리가 썩는다. 거름은 늦여름부터 초가을에 걸쳐 물거름을 집중적으로 주고 가끔 잿물을 주어서 산성토질을 알카리성 토질로 중화시켜줄 필요가 있다.

난장이붓꽃

햇빛 관계: 호광성/ 내한성: 강/ 물관리: 싫어함/ 비료관리: 싫어함

특성과 형태

다년생 식물로 높이 5~8cm 내외이며 강원도 이북에서 자란다. 밑 부분에 묵은 잎이 엉켜 있으며 다 자란 잎은 길이가 10~25cm에 이른다.
꽃은 짧은 꽃자루 끝에 1송이씩 달리는데 자주색이다.

번식법

분갈이시 포기 나누기로 번식하는 것이 가장 좋은 방법이다.
종자 번식도 되지만 결실률이 좋지 않은 편이다.

분 재배법

성질이 강한 식물이다.
분에 재배할 시는 여름철 고온 다습에 약하므로 반 그늘에서 재배하여야 한다. 가루를 뺀 산 모래나 마사토에 부엽토를 충분히 혼합하여 물 빠짐을 좋게 한다. 거름은 되도록 적게 주는 것이 좋다.

▲ 대청부채 _ 환경부 보호식물 11호

피나물

햇빛 관계 : 반양, 반음 / 내한성 : 강 / 물관리 : 좋아함 / 비료관리 : 좋아함

특성과 형태

다년생 식물로 높이 30cm 내외. 근경은 짧으며 굵고 옆으로 자란다. 근생엽은 엽병이 길며 5~7갈래로 갈라진 깃털꼴엽잎우상복엽이고 소엽은 넓은 난형이다. 가장자리에 불규칙한 톱니가 있다. 잎은 호생하고 5장의 소엽으로 구성된다. 줄기 끝에서 한 송이의 꽃이 나오고 꽃잎은 4장이며 난상 원형이고 윤채가 있다. 줄기를 자르면 주황색즙이 나온다.

번식법

포기 나누기로 번식을 하며 6월 말경에 종자를 직파하거나 이듬해 봄에 물이끼를 깐 모판에 뿌리면 잘 발아한다.

분 재배법

부식질이 많고 보습성이 좋으며 반 그늘진 장소에서 재배한다.
분에 재배할 시는 가루를 뺀 산모래나 마사토에 부엽토를 20~30% 정도 섞은 흙에 심어 주고 물을 좋아하므로 습도 유지를 위해 하루 한 번 물을 주고 거름은 물비료를 월 1~2회 정도 준다.
여름에는 반그늘에서 관리한다.

할미꽃

햇빛 관계 : 호광성 / 내한성 : 강 / 물관리 : 보통 / 비료관리 : 보통

특성과 형태

다년생 식물로 높이 20~30cm이며 몸 전체에 백색털이 많다. 뿌리에서 나온 잎은 잎자루가 길고 2회 갈라지며 5장의 소엽으로 구성된다. 꽃자루 끝에 한 송이의 적자색 꽃이 밑을 향해 달린다.

번식법

꽃이 진 뒤 분갈이시 포기 나누기로 번식시킨다. 주의할 점은 뿌리가 너무 많이 잘리지 않도록 하고, 종자를 채취하여 직파 후 2주일이면 발아한다. 어린 묘를 이식한다.

분 재배법

물 빠짐이 좋은 사질토양으로 햇빛이 잘 드는 곳이 적당하며, 너무 과습한 장소는 피하는 것이 좋다. 척박한 토양에서도 생육이 잘 된다.

분에 재배할 시는 부식질이 풍부한 사질양토를 이용해서 밑부분에 굵은 마사토를 20~25% 깔고 식재한다. 햇빛이 잘 들고 조금 건조한 곳에서 관리한다. 배합토는 부엽, 밭흙, 모래, 훈탄을 3:3:3:1로 한다.

바람꽃

햇빛 관계 : 반양, 반음 / 내한성 : 약함 / 물관리 : 좋아함 / 비료관리 : 좋아함

✚ 특성과 형태

고산 지대에서 자라는 다년생 식물이다. 길이 30cm 내외로 자라며 몸 전체에 잔 털이 있다. 잎은 손바닥꼴로 3~5갈래로 갈라진다. 5월에 피는 흰색의 꽃잎처럼 보이는 것은 꽃받침이다.

✚ 번식법

봄가을 분갈이시 포기 나누기로 번식하고, 종자를 묘판에 직파한다.

✚ 분 재배법

부엽질이 풍부하고 보습성이 좋은 토양에 심는다. 고산성 식물이기에 통풍이 잘되는 반 그늘에서 재배하는 것이 좋다.

분에 재배할 시는 좀 높은 분을 택하여 산모래나 마사토에 부엽토를 40% 정도 혼합한 흙으로 좀 비옥하게 하여 심는다.

물을 좋아하므로 매일 1회씩 주고 거름은 유박이나 물비료를 한 달에 1~2회 정도 준다. 여름에는 반그늘에서 관리한다.

왜현호색

햇빛 관계 : 호광성 / 내한성 : 강 / 물관리 : 좋아함 / 비료관리 : 보통

특성과 형태

다년생 식물로 높이 10~30cm 내외. 땅 속에 있는 괴경에서 1개의 줄기가 나와 2장의 잎이 달린다. 밑부분에서 1개의 포 같은 잎이 달려 그 사이에서 가지를 치기도 한다. 잎은 어긋나오며 3개씩 1~3회 갈라진다.
꽃은 벽자색으로 윗줄기 끝에 여러 송이가 한쪽으로 치우쳐 핀다. 꽃잎 끝이 넓게 입술처럼 벌어지며 밑에서부터 차례로 핀다.

번식법

꽃이 진 뒤 종자를 채취하여 분 주변 모주 주위에 뿌린다. 괴경의 일부분을 세로로 잘라서 심어도 싹이 튼다.

분 재배법

물빠짐이 좋은 사질 토양으로 햇빛이 잘드는 곳에서 재배한다. 꽃이지고 나면 반 그늘진 곳으로 옮긴다.
분에 재배할 시는 가루를 뺀 산모래나 마사토에 부엽토를 30% 정도 섞어서 심는다. 배수처리가 좋아야 하고 햇빛을 충분히 쪼이게 한다. 물은 자주 주고 거름은 물비료를 월 1회 정도 준다. 분갈이는 매년 봄에 실시한다. 일찍 휴면에 들어가는 특성이 있다.

앵초

햇빛 관계 : 반양, 반음 / 내한성 : 강 / 물관리 : 좋아함 / 비료관리 : 좋아함

특성과 형태

다년생 식물로 산지의 계곡이나 습지의 양지바른 풀밭에서 자란다. 이른 봄 잎과 동시에 꽃이 피는데, 잎은 잎자루가 있고 그 끝에 타원형을 한 긴 심장꼴 잎이 붙는다.
잎가장자리에 둔한 톱니가 있고 끝은 둥글며 잎 전체에 긴 털이 가득 돋아나 있고 주름이 진다. 줄기 끝에 우산 모양을 한 꽃이 달리고 5장의 꽃잎은 연한 홍색 또는 분홍색 · 연보라색 · 자주색 · 흰색 등 변이가 심하다.

번식법

봄철 분갈이시 포기 나누기를 하여 번식시킬 수 있으며 초여름에 종자를 채취하여 바로 묘판에 파종하면 이듬해 봄에 발아한다.

분 재배법

직사광선에 약하므로 반 그늘지고 보습성이 있는 사질 토양으로 부엽질이나 유기물질이 많은 곳에 심어 재배한다. 분에 재배할 시는 분의 배수공에 망을 깔고 굵은 마사토를 20%정도 깔고 그 위에 가루를 뺀 산모래나 마사토에 부엽질을 조금 혼합한 흙으로 심는다. 햇빛은 충분히 물은 하루 한번 거름은 유박이나 물비료를 월1~2회 준다.

개여뀌

햇빛 관계 : 호광성 / 내한성 : 강 / 물관리 : 주지말것 / 비료관리 : 주지말것

특성과 형태

1년생 식물로 높이 20~40cm 내외. 줄기는 갈색이며 곧게 또는 비스듬히 서고 잎은 어긋나며 넓은 피침형으로 앞과 뒷면에 털이 있다.

꽃은 4~10월에 걸쳐 피는데 줄기 끝과 잎 겨드랑이에 이삭처럼 생긴 꽃이 많이 달린다.

번식법

종자가 저절로 떨어져 쉽게 발아한다. 장마가 끝난 뒤 씨를 뿌리면 키를 낮출 수 있다.

분 재배법

강인한 식물이기 때문에 어떤 환경이나 토양에서도 잘 자란다.

분에 재배할 시는 얕고 둥근 분에 산모래와 밭흙을 혼합해서 가급적 많이 심는다. 줄기가 자라면 솎아준다.

◀ 흰여뀌

새우난초

햇빛 관계 : 내음성, 반음 / 내한성 : 강 / 물관리 : 보통 / 비료관리 : 보통

특성과 형태

상록성의 다년생 난과 식물로 높이 50cm 내외. 위경이 옆으로 뻗으며 잔 뿌리가 많고 잎은 2년생으로 긴 타원형이며 주름이 진다.

꽃은 자주색 · 백색 · 담자색 · 황금색 등 줄기 윗부분에 10~15 송이씩 밑에서부터 차례로 핀다.

번식법

증식은 주로 포기나누기로 한다. 묵은 위경을 2~3개씩 잘라 수태에 싸서 심고 물을 주어 습도를 유지하면 3개월 후 눈이 나온다.

분 재배법

부엽질이 다량 함유되고 통기성과 배수성이 좋으며 적당한 보습성이 유지되는 장소에서 재배한다.

분에 재배할 시는 가루를 뺀 산모래나 마사토를 이용하며 물빠짐을 좋게 하고, 봄가을에는 물을 하루 한번 흠뻑 준다. 비료는 하이포넥스 액비를 묽게 타서 엽면과 분토에 뿌려 준다. 여름에는 반그늘에서 관리 한다.

한라새우난초

금새우난초

햇빛 관계 : 반양 / 내한성 : 강 / 물관리 : 보통 / 비료관리 : 보통

특성과 형태

다년생 식물로 높이 40cm 내외. 잎은 밑부분에서 모여 나오며 주름이 많고 넓은 타원형이다. 꽃은 새우난과 비슷하지만 빛깔은 선황색으로 줄기 상단에 많이 달리며 향기가 있다.

번식법

무균 배양으로 종자 번식이 가능하나 힘이 든다. 묵은 위경을 2~3개씩 나누어 수태에 싸서 심고 물을 주어 습도를 유지하면 3개월 후 눈이 나온다.

분 재배법

부엽질이 다량 함유되어 있고 통기성과 배수성이 좋으며 적당한 보습성이 유지되는 장소에서 재배한다.

분에 재배할 시는 좀 크고 깊은 분을 택하여 산모래나 마사토에 부엽토를 20% 정도 섞은 흙에 심고 오전에 햇빛을 쪼여주며 한낮의 직사광선은 피한다. 물은 생육기간에는 자주 주고 거름은 하이포넥스 액비를 묽게 희석하여 분토나 엽면에 살포한다.

삼지구엽초

햇빛 관계 : 음지 / 내한성 : 강 / 물관리 : 좋아함 / 비료관리 : 보통

특성과 형태

다년생 식물로 높이 20~30cm 내외이며 숲속 그늘에서 자란다. 한 포기에 한 개의 줄기가 곧게 자라며 잎은 약간 길쭉한 심장꼴이다. 3개로 갈라진 끝에 3장씩 모두 9장의 잎이 달리기 때문에 삼지구엽초三枝九葉草라 한다. 꽃은 연한 노란색으로 밑을 향해 4~5송이씩 핀다.

번식법

가을 분갈이시 포기 나누기를 해서 증식할 수 있고 5~6월 종자를 채취하여 묘판에 파종한다. 발아한 어린 묘는 이식 후 약 3년 정도 지나면 꽃이 핀다.

분 재배법

부엽질이 풍부한 토양으로 반 그늘진 장소에서 재배하는것이 좋으며 여름철 고온은 피하는 것이 좋다.

분에 재배할 시는 산모래나 마사토에 30~40% 정도 부엽토를 섞어서 배수처리가 잘 되도록 한다. 높은 화분을 사용하여 뿌리 뻗음을 좋게 하고 심은 후 물을 충분히 주어 배수에 신경을 쓰고 비료는 하이포넥스 액비나 깨묵 썩힌 물을 100~200배 희석하여 월 1~2회 정도 준다.

윤판나물

햇빛 관계 : 반양, 반음 / 내한성 : 강 / 물관리 : 좋아함 / 비료관리 : 좋아함

특성과 형태

다년생 식물로 줄기는 꼿꼿이 서고 윗쪽에서 약간의 가지를 치며 높이 30~50cm 내외. 잎은 긴타원형으로 끝이 뾰족하고 마디마다 한 잎씩 어긋나게 달리며 꽃은 봄에 가지 끝에 두세 송이씩 밑을 향해 달리는데 통 모양으로 끝이 벌어지지 않는다.

번식법

분갈이시 포기 나누기를 하여 번식하고 삽목은 윗부분을 2~3마디 잘라서 모래판에 꽂으면 뿌리가 잘 내린다.

분 재배법

부엽질이 풍부하고 보습성이 좋은 토양에서 재배하는 것이 좋다. 강한 광선을 피해 반 그늘진 장소가 좋다.

분에 재배할 시는 역시 분밑에 굵은 마사를 깔고 산모래나 마사토에 부엽토를 20~30% 섞어서 배수가 잘 되게 심어준다. 비료는 하이포넥스를 월 2~3회 주고 봄 · 가을에 햇빛을 반정도 쪼여 주며 여름에는 그늘에서 관리한다. 물은 매일 1회씩 준다.

산괴불주머니

햇빛 관계 : 호광성 / 내한성 : 강 / 물관리 : 보통 / 비료관리 : 보통

특성과 형태

2년생 식물로 높이 40~60cm 정도 자라며 식물 전체가 흰빛을 띤 녹색이다. 줄기는 속이 비어 있으며 잎은 깃털 모양으로 갈라지며 부드럽다. 꽃은 황색으로 한쪽으로 치우쳐 핀다.

비슷한 종류로는 눈괴불주머니와 자주괴불주머니가 있다.

번식법

분주를 통해 번식을 할 수 있으나 6~7월 경에 자연적으로 떨어진 종자가 발아하면 이식한다.

분 재배법

물빠짐이 좋은 사질 토양으로 보습성이 있고 햇빛이 잘 드는 곳에서 재배한다. 강인한 식물이기에 어떤 장소에서도 재배가 용이하다.

분에 재배할 시는 산모래나 마사토를 사용하여 식재 한다. 물빠짐을 좋게 하고 햇빛을 충분히 쪼여 도장을 방지한다. 물과 거름은 보통으로 준다.

동의나물

햇빛 관계 : 반양, 반음 / 내한성: 강 / 물관리 : 좋아함 / 비료관리 : 보통

특성과 형태

다년생 식물로 높이 30~50cm 내외이며 산간 습지에서 자란다. 줄기는 옆으로 비스듬히 자라며 뿌리에서 나온 잎은 심장꼴이고 가장자리에 무딘 톱니가 있다. 꽃은 황금빛으로 2~3송이가 줄기 끝에 피는데 꽃잎처럼 보이는 것은 꽃받침이 변한 것이다. 유독성 식물이다.

번식법

가을철 분갈이시 포기 나누기를 하여 번식해도 좋고 6월에 종자를 채취하여 반 그늘진 곳에 묘판을 만들어 파종한다. 이듬해 봄에 발아한 묘를 이식하여 재배하면 그 해에 꽃을 볼 수 있다.

분 재배법

보습성이 좋은 토양으로 오전 햇빛이 잘 드는 적당한 장소에서 가끔 시비를 하면서 재배한다.

분에 재배할 시는 얕은 화분에 산모래나 마사토를 깔고 심어 반그늘에서 재배 한다. 비료를 좋아하는 편으로 유박이나 물비료를 월 1~2회 주며 하이포넥스 액비를 묽게 희석해서 엽면과 분토를 직접 살포한다. 물은 매일 1회씩 준다.

노루귀

햇빛 관계 : 내음성 / 내한성: 강 / 물관리 : 좋아함 / 비료관리 : 좋아함

특성과 형태

다년생 식물로 뿌리로부터 나온 잎은 세모꼴을 한 타원형이며 3갈래로 갈라진다. 긴 털이 돋아난 잎 모양이 마치 노루의 귀를 닮아서 붙여진 이름이다. 꽃은 백색 · 담홍색 · 자주색 등이고 꽃자루 끝에 한 송이씩 달린다. 잎이 나오기 전에 꽃이 먼저 피며 울릉도에는 잎이 큰 섬노루귀가 있고 제주도와 남부지방에는 잎에 흰무늬가 들어 있는 새끼노루귀가 있다.

번식법

분갈이하면서 포기 나누기를 한다. 종자를 채취하여 초여름에 직파하면 이듬해 봄에 발아한다. 개화까지 4~5년 정도 걸린다.

분 재배법

반그늘진 낙엽수 아래 부엽질이 풍부한 비옥한 토양에서 재배한다.
분에 재배할 시는 분의 크기에 따라 산모래나 마사토에 20~30%의 부엽토를 혼합해서 배수가 잘 될 수 있도록 한다.
거름을 좋아하기 때문에 유박이나 물비료를 월 2~3회 주며 물은 매일 1회씩 준다.

양지꽃

햇빛 관계 : 호광성 / 내한성 : 강 / 물관리 : 보통 / 비료관리 : 보통

특성과 형태

다년생 식물로 높이 30~50cm 내외. 뿌리에서 여러 장의 잎이 나와 사방으로 비스듬히 퍼지는데 잎자루가 길다. 3갈래로 갈라진 잎은 딸기 잎과 비슷하며 잎 양면에 털이 있고 가장자리에 톱니가 있다. 꽃잎은 다섯 장이며 노란색이다.

번식법

포기 나누기로 번식하지만 자생지에서는 종자가 떨어져 쉽게 자연 발아한다.

분 재배법

양지바른 곳에서 토양에 관계 없이 잘 자라는 강인한 식물이다.

분에 재배할 시는 산모래나 마사토에 부엽토를 20~30%를 섞은 흙에 심어 주고 생육기간 동안 항상 충분한 일조량을 받게 한다. 물은 보통으로 주고 시비는 크게 신경 쓰지 않아도 된다.

광릉요강꽃

햇빛 관계 : 내음성 / 내한성 : 강 / 물관리 : 좋아함 / 비료관리: 보통

특성과 형태

다년생 식물로 경기도 광릉을 비롯한 산지의 숲속에서 자란다.
높이 20~40cm 내외이며 털이 있고 밑 부분에 3~4매의 비늘잎이 줄기를 감싼다. 두 장의 넓은 잎이 부채를 펼쳐 놓은 것같이 원줄기를 감싸고 가장자리는 주름이 진다. 꽃은 꽃줄기 끝에 한 송이씩 밑을 향해 달리는데 꽃색은 연초록 바탕에 연분홍색을 띤 주머니 모양이다.

번식법

4~5촉을 한 포기로 해서 분주하여 번식하며 기르기가 매우 까다롭다. 조직 배양을 통해 번식할 수 있으나 무척 어렵다.

분 재배법

부엽질이 풍부한 사질 양토에 심어 주고 오전 중에는 햇빛이 잘 들며 여름철에는 반 그늘진 장소에서 관리한다.
분에 재배할 시는 밑부분에 굵은 마사토 25% 정도 깔고 산모래나 마사토에 부엽토를 30% 정도 섞은 흙을 쓴다. 가운데 부분을 불룩하게 하여 심고 뿌리를 잘 펴서 물빠짐이 좋도록 한다. 물은 1회 흠뻑 준다. 거름은 유박이나 물비료를 월 1~2회 주며 통풍이 잘되는 그늘에서 관리한다.

깽깽이풀

햇빛 관계 : 반양, 반음 / 내한성 : 강 / 물관리 : 보통 / 비료관리 : 좋아함(비옥토)

특성과 형태

다년생 식물로 높이 20~25cm 내외이다. 계곡의 동향으로 약간 습하고 반 그늘진 곳을 좋아한다. 줄기가 없고 뿌리에서 나온 잎은 연잎을 닮았다. 봄에 담자홍색의 아름다운 꽃이 잎보다 먼저 나와 여러 송이 핀다. 꽃받침은 6~8매이다.

번식법

분갈이시 포기 나누기로 번식한다. 분갈이는 2~3년에 1회 실시하며 그때 뿌리를 다치지 않도록 한다. 5~6월에 채취한 종자를 즉시 묘판에 직파하여 반 그늘지고 보습성이 충분하도록 유지해 준다. 이듬해 봄에 발아한 어린 묘는 1년 동안 묘판에서 기른 후 다음해 봄에 이식한다.

분 재배법

부엽질과 유기질이 풍부한 비옥한 땅에 심는다. 반 그늘지고 보습성이 좋은 장소에서 관리한다.

분에 재배할 시는 밑부분에 배수가 잘 되도록 굵은 마사를 25% 정도 깔고 산모래나 마사토를 채운다. 거름은 유박이나 물비료를 월 2~3회 주고 봄 가을에는 햇빛을 충분히 쪼여 주며 꽃이 진 뒤에는 반그늘에서 관리한다.

바위말발도리

햇빛 관계 : 반양, 반음 / 내한성 : 강 / 물관리 : 좋아함 / 비료관리 : 보통

특성과 형태

바위 틈에서 자라는 낙엽소관목이다. 줄기는 밑동에서부터 여러 갈래로 갈라지며 잔가지를 많이 친다. 잎은 계란꼴 또는 타원형으로 길이 3~4cm이며 마디마다 2장의 잎이 마주나고 앞 뒤면에 잔털이 있으며 가장자리에 톱니가 있다. 꽃은 매화꽃처럼 생긴 흰 꽃이 묵은 줄기의 마디에 한 두 송이씩 핀다.

번식법

주로 꺾꽂이로 증식하거나 분갈이시에 포기 나누기를 통해 번식하는데 두가지 다 이른 봄에 실시한다.

분 재배법

공중 습도를 좋아 하므로 반 그늘지고 부엽질과 유기질이 풍부한 토양에 심어 재배한다.

분에 재배할 시는 가루를 뺀 산모래나 마사토에 부엽토를 20% 정도 혼합한 분토를 사용한다. 습도가 좋고 약간 그늘진 자리에서 자라는 습성이 있으므로 여름에는 반그늘에서 관리하고 거름은 유박 또는 물비료를 자주 주며, 물은 매일 아침에 흠뻑 주고 여름에는 해가 진 뒤 한번 더 준다.

처녀치마

햇빛 관계 : 내음성 / 내한성 : 강 / 물관리 : 좋아함 / 비료관리 : 좋아함

특성과 형태

다년생 식물로 뿌리에서 나온 잎은 방석처럼 땅에 붙어서 둥글게 펴 진다. 중심부에서 10cm 정도의 꽃대가 올라와 그 끝에서 10송이 정도 둥글게 뭉쳐서 피는데 붉은색을 띤 보라색이다. 꽃 색깔에 변이가 많아서 흰색 · 분홍색 꽃도 있다.

번식법

주로 포기 나누기를 통해 증식하거나 가을에 종자를 채취해서 부엽질이 많은 마사토에 이끼를 섞어 습기가 유지되게 하여 직파한다. 엽삽잎꽂이으로도 번식할 수 있다.

분 재배법

그늘진 낙엽수 하부에 심는다. 부엽질이 풍부한 비옥한 토질에서 재배하는 것이 좋다.

분에 재배할 시는 산모래나 마사토에 부엽토를 30~40% 혼합해서 심어주고 보습 보수성이 유지되도록 관리한다. 비료를 좋아하기 때문에 유박이나 물 비료를 월 2~3회 정도 주고 통풍이 잘 되는 반그늘에서 관리하며 물은 매일 1회씩 준다.

개족도리

햇빛 관계 : 내음성 / 내한성 : 강 / 물관리 : 보통 / 비료관리 : 보통

특성과 형태

다년생 식물로 높이 20cm 내외이다. 근경은 짧은 마디로 되어 있으며 매운맛을 가지고 있다. 잎은 넓은 심장꼴이고 끝이 뾰족하다.
꽃은 검은 홍자색으로 땅에 붙어서 피는데 꽃의 모양이 족도리 같다고 해서 족도리란 이름을 얻었다.

번식법

봄, 가을 갈아 심기할 때 뿌리줄기의 마디 사이를 끊어 번식한다.

분 재배법

습기를 좋아하기 때문에 보습성이 좋고 부엽질과 유기질이 풍부한 토양에 심어 재배하는 것이 좋다. 강한 햇빛에 약하므로 반그늘에서 관리한다.
분에 재배할 시는 얕은 분에 산모래나 마사토 부엽토 20%정도를 혼합한 흙에 심고, 분토가 마르지 않도록 습도유지를 해준다. 봄 · 가을에는 햇빛을 충분히 쪼이도록 하고 분갈이는 2~3년에 1회씩 한다. 거름은 하이포넥스 액비를 묽게 희석해서 스프레이로 뿌려 준다.

조개나물

햇빛 관계 : 호광성 / 내한성 : 강 / 물관리 : 내건성 / 비료관리 : 싫어함

특성과 형태

다년생 식물로 높이 30cm 내외. 잎은 마주 나오고 긴 타원형이며긴털이 밀생하나 점차 없어지며 가장자리에 톱니가 있다.

꽃은 벽자색으로 줄기 끝부분에 뭉쳐서 핀다. 흰 꽃이 피는 흰조개나물과 분홍꽃이 피는 붉은조개나물이 있다.

번식법

가을 분갈이시 포기 나누기를 하여 번식하며 5~6월에 종자를 채취하여 즉시 모래상자에 직파하면 이듬해 봄에 발아한다.

분 재배법

물빠짐이 좋은 사질 양토에 심어서 재배한다. 햇빛이 잘 드는 곳이나 반그늘에서도 잘 자라며 메마르고 척박한 조건에서 재배하는 것이 좋다.

분에 재배할 시는 얕은 분을 쓴다. 산모래에 밭흙을 혼합해서 심는데 분의 밑부분에는 굵은 마사를 쓰고 중간은 가는 마사를 이용하면 물이 잘 빠져 좋다. 비료는 깨묵 썩힌 물을 가끔 물대신 주면 좋지만 웃자라는 것을 피하기 위해 햇빛이 잘 드는 곳에서 관리한다.

뱀딸기

햇빛 관계 : 반양, 반음 / 내한성 : 강 / 물관리 : 좋아함 / 비료관리 : 보통

✚ 특성과 형태

다년생 식물로 줄기가 땅 위를 기면서 마디마다 뿌리를 내리고 싹이 자란다. 잎은 딸기잎과 비슷하며 뒷면에 긴 털이 있다. 잎 겨드랑이에서 꽃대가 자라 다섯 장의 꽃잎을 한 꽃이 노랗게 피고 붉고 둥근 열매로 익는다. 열매는 먹을 수 있지만 맛이 싱겁다.

✚ 번식법

어떤 토양에서도 잘 자라므로 싹을 따서 삽목한다. 포기 나누기로 쉽게 번식할 수 있다.

✚ 분 재배법

강인한 식물로서 어떤 토양에서도 잘 자란다. 햇빛이 잘 들고 부엽질이나 유기질이 풍부한 토양에 심어 관리한다.

분에 재배할 시는 산모래에 부엽토를 반반 혼합해서 심고 습도를 좋아하므로 하루 한 번씩 물을 주며 햇볕이 잘 드는 곳에서 관리한다. 거름은 물비료를 월 1~2회 정도 준다.

머위

햇빛 관계 : 반양, 반음 / 내한성 : 강 / 물관리 : 보통 / 비료관리 : 보통

특성과 형태

다년생 식물로 땅속줄기가 사방으로 뻗으며 이른 봄에 꽃줄기가 먼저 나오고 잎은 꽃이 지고 난 다음 뿌리로부터 직접 자란다.
잎은 넓은 신장꼴이며 가장자리에 불규칙한 톱니가 있다. 꽃은 수꽃과 암꽃이 황백색 또는 백색으로 줄기 끝에 둥글게 다닥다닥 붙는다.

번식법

포기 나누기를 하여 번식한다. 땅속 줄기를 2~3마디씩 잘라 모래에 꽂으면 싹과 뿌리가 돋아난다.

분 재배법

분에 재배할 시는 가루를 뺀 산 모래나 마사토를 사용한다. 분의 밑부분에 굵은 마사를 25% 정도 깔고 산모래나 중간 마사에 부엽토를 30~40% 혼합해서 심어준다. 그 위에 20% 정도 화장토를 덮는다. 물은 보통으로 주고 거름은 물거름을 한 달에 1~2회 준다.

산작약(백작약)

햇빛 관계 : 반음, 반양 / 내한성 : 강 / 물관리 : 좋아함 / 비료관리 : 좋아함

특성과 형태

다년생 식물로 높이 40cm 내외. 뿌리는 길고 굵으며 줄기는 꼿꼿이 서고 잎은 3갈래로 두 번 갈라지는 깃털꼴겹잎으로 뒷면은 흰 빛을 띤다.
줄기 끝에서 희고 풍만한 꽃이 한 송이씩 피는데 항상 반 정도만 벌어지고 완전히 벌어지지 않는다. 꽃잎은 5~7장이며 비슷한 종류로 붉은 꽃이 피는 적작약이 있다.

번식법

분갈이를 할 때 포기 나누기로 번식하되 자주 포기 나누기를 하면 꽃이 피지 않는다.

분 재배법

부엽질이나 유기질이 풍부한 토양에 심어 반 그늘진 곳에서 관리한다.
분에 재배할 시는 크고 깊은 분을 택하여 가루를 뺀 산모래나 마사토를 사용하되 40% 정도의 부엽토를 혼합해서 심는다. 거름을 좋아하므로 물거름을 주고 유박을 분에 올려준다.
꽃 필 때까지는 충분한 햇빛을 쪼여준다. 물은 매일 1회 준다.

누운주름잎

햇빛 관계 : 호광성 / 내한성 : 강 / 물관리 : 내습성 / 비료관리 : 좋아함

특성과 형태

다년생식물로 다소 습한 곳에서 자라며 키가 낮다. 꽃이 핀 뒤 줄기가 빠른 속도로 자란다. 봄부터 여름에 걸쳐 입술 모양의 꽃이 피며 암술머리를 건드리면 꽃이 닫히는 습성을 가지고 있다.

꽃색은 보라빛을 띤다. 이와 흡사한 종류로 줄기 없이 땅을 기며 꽃이 약간 작게 피는 주름잎이 전국 각지에 서식한다.

번식법

주로 포기나누기나 줄기를 짧게 잘라 삽수로 쓰면 쉽게 뿌리를 내린다. 종자를 채취하여 곧바로 파종한다.

분 재배법

강인한 식물이기 때문에 지나치게 습하지 않으면 어떤 토양에서도 쉽게 가꿀 수 있다.

분에 재배할 시는 크고 얕은 분이 좋고, 수반 같은데 심어주면 잘 어울린다. 거름은 물거름을 가끔 뿌려 주고 충분한 햇빛을 쪼여주며 흙이 좀 메마른 상태로 키우면 웃자람을 방지할 수 있다.

석곡

햇빛 관계 : 반양, 반음 / 내한성 : 강 / 물관리 : 좋아함 / 비료관리 : 보통

특성과 형태

다년생 식물로 뿌리가 밖으로 노출되어 살아 가는 착생란이다.
줄기는 마디를 이루고 위쪽 마디에서 잎이 나오며 넓은 피침형 또는 선형으로 푸른 잎이 몇 장씩 붙어서 상록성을 유지한다. 꽃은 흰색이나 담홍색을 피며 향기가 좋다. 잎에 무늬가 있는 변이 종이 많다.

번식법

줄기를 2~4마디씩 잘라서 수태물이끼에 심고 물을 뿌려 습도를 유지해 준다. 햇빛을 충분히 쪼여주면 뿌리를 잘 내린다.

분 재배법

착생종이기 때문에 바위나 고목나무 또는 해고판에 수태를 감싸 뿌리를 붙여 주고 수태가 마르지 않도록 스프레이를 게을리하지 않는다.
분에 재배할 시는 굵은 난석이나 수태를 사용하여 심어주고 공중습도를 유지하며 햇빛을 충분히 쪼인다. 비료는 하이포넥스 액비를 묽게 타서 잎과 뿌리에 스프레이 한다.

개불알꽃

햇빛 관계 : 반음 / 내한성 : 강 / 물관리 : 보통 / 비료관리 : 보통

특성과 형태

다년생 식물로 높이 25~40cm 내외. 꽃 모양이 마치 주머니와 같아서 복주머니꽃이라고도 한다. 근경이 옆으로 뻗으며 마디에서 뿌리를 내리고 잎은 3~5장이며 타원형이다. 털이 드믄드믄 있으며 꽃은 연한 붉은색으로 원줄기 끝에 한 송이씩 달린다. 관상 가치가 매우 높은 식물이다.

번식법

분갈이시 포기나누기, 즉 3~4촉씩 신아를 떼어서 분주하면 뿌리가 잘 내린다. 실생 재배는 아주 어려워 번식 방법이 확립되지 않은 실정이다.

분 재배법

부엽질과 유기질이 풍부한 반 그늘진 장소에서 가꾼다.

분에 재배할 시는 산모래나 마사토에 20% 정도의 부엽토를 섞은 흙에 심고 통풍이 잘 되는 곳에서 70% 정도 햇빛을 차단하여 관리한다. 특히 고온에 약하므로 여름철은 시원한 그늘에서 관리한다.

물은 보통 정도로 주고 거름은 하이포넥스 액비를 묽게 타서 엽면에 월 1회 정도 살포하고 분토에도 부어 준다.

자란

햇빛 관계 : 호광성 / 내한성 : 강 / 물관리 : 내건성 / 비료관리 : 보통

✚ 특성과 형태

다년생 식물로 높이 40~50cm 내외이다. 야생란 중에서 햇빛을 가장 좋아한다. 잎은 밑 부분에서 5~6매가 서로 감싸며 어긋 달린다.
긴 타원형 잎은 끝이 뾰족하고 주름이 진다. 꽃은 홍자색에서 흰색에 이르기까지 다양하고 성장이 좋으면 5~7송이 정도 달린다. 잎에 복륜 · 호 등의 무늬 종도 있다.

✚ 번식법

파종을 통해 발아는 아주 어렵고, 늦은 가을에 눈이 있는 괴경을 떼어 쉽게 증식할 수 있다.

✚ 분 재배법

내한성이 강한 식물로 어떤 토양도 가리지 않고 잘 자라지만 부엽질이 좋은 곳이면 더욱 좋다.
분에 재배할 시는 산모래에 부엽토를 20~30% 섞은 흙에 심는다. 분 밑부분에 굵은 난석이나 마사토를 깔고 3~5cm정도 복토를 하여 심는다. 햇빛에 강하고 추위에도 강하나 위경이 얼지 않도록 한다. 하이포넥스 액비를 묽게 타서 주고 3~4년 후 포기나누기를 겸해 분갈이를 한다.

은방울꽃

햇빛 관계 : 반음 / 내한성 : 강 / 물관리: 좋아함 / 비료관리 : 좋아함

특성과 형태

다년생 식물로 넓은 잎은 2장이며 타원형이고 높이 20cm 내외이다.
잎 사이로 꽃대가 올라와 종 모양의 작고 하얀 꽃이 여러 송이 피는데 꽃줄기는 잎보다 작다. 꽃은 향기가 매우 좋다. 열매는 가을에 붉게 익는다.

번식법

지하경이 옆으로 왕성하게 퍼져 나가는데 이른 봄에 포기 나누기를 하여 번식하는 것이 가장 무난하다. 실생묘는 4~5년 걸려 개화하므로 양묘 기간이 긴 편이다.

분 재배법

강인한 식물이기에 재배는 용이한 편이다. 약간 비옥한 토양으로 보습성이 있는 토양에 모아 심는 것이 좋다.
분에 재배할 시는 산모래와 부엽토를 각각 50%씩 혼합하여 쓰고 거름을 좋아하므로 월 2회 정도 유박이나 물비료를 주고 가끔씩 잿물을 준다. 여름에는 반그늘에서 관리하고 매년 가을에 분갈이를 실시 한다.

참개별꽃

햇빛 관계 : 반양, 반음 / 내한성 : 강 / 물관리 : 좋아함 / 비료관리 : 보통

특성과 형태

다년생 식물로 경기 이북의 숲 가장자리에서 자란다. 높이 25cm 내외로 잎은 마주나고 밑 부분의 잎은 좁은 피침형이다. 꽃은 백색이고 원줄기 끝에 1송이씩 위를 향해 핀다.

번식법

분갈이시 포기 나누기로 증식하거나 씨를 뿌리면 쉽게 싹이 튼다.

분 재배법

물 빠짐이 좋은 사질토로 부엽질이 풍부한 곳에 심으며, 봄에는 햇빛이 잘 들고 여름에는 반 그늘진 곳에서 재배하는 것이 좋다.

분에 재배할 시는 산모래에 부엽토를 혼합하여 심어주고 습도를 좋아하므로 물은 하루 1번씩 주고 거름은 유박이나 물비료를 준다. 통풍이 잘 되는 그늘에서 관리한다.

민백미꽃

햇빛 관계 : 호광성 / 내한성 : 강 / 물관리 : 보통 / 비료관리 : 보통

특성과 형태

다년생 식물로 전국의 산지 풀밭에서 자란다. 높이 30~60cm 내외. 잎은 마디마다 2매가 마주나며 계란형에 가까운 타원형이다. 꽃은 줄기 끝에 피고 5장의 꽃잎을 한 별 모양의 흰 꽃이 뭉쳐서 핀다.

번식법

분갈이할 때 포기 나누기를 하여 번식한다. 실생의 경우 가을에 종자를 채취하여 봄에 파종한다. 종자에 긴 털이 달려서 잘 날아가기 때문에 조심해서 채취해야 한다.

분 재배법

부엽질이나 유기질이 풍부한 낙엽활엽수 아래 심고 햇빛이 잘 들게 한다. 분에 재배할 시는 약간 큰 분에 가루를 뺀 산모래나 마사토를 쓰고 배수가 잘 되도록 하여 바른 곳에서 관리하며 물과 거름은 보통 정도로 준다. 가꾸기 쉬운 식물이다.

고비

햇빛 관계 : 반음 / 내한성 : 강 / 물관리 : 좋아함 / 비료관리 : 보통

✚ 특성과 형태

다년생 식물로 높이 60~100cm 내외. 뿌리에서 나온 잎은 사방으로 넓게 퍼진다. 어린 순은 적갈색 털로 덮여 있으며 자라면서 없어진다. 생장엽과 생식엽이 따로따로 나온다. 완전히 자란 잎은 연한 초록색이며 털이 없어 매끄럽다. 어린 싹은 나물로 먹는다.

✚ 번식법

포기 나누기로 증식한다. 마른 이끼에 포자를 뿌려서 습도를 유지해 주면 싹이 돋아난다.

✚ 분 재배법

분에 재배할 시는 산모래나 마사토에 20%의 부엽토를 혼합하여 심는다. 포기의 크기에 따라 분의 크기를 달리하는 것이 좋다.
분의 크기를 달리 하는 것이 좋다. 충분한 햇빛을 쪼여 도장을 막아주고 물을 좋아 하므로 하루 한 번 정도 주며 봄 · 가을에 물비료를 한 달에 1회 정도 준다.

우단일엽

햇빛 관계 : 내음성 / 내한성 : 보통 / 물관리 : 좋아함 / 비료관리 : 보통

특성과 형태

바위나 나무 줄기에 붙어 자라는 상록성 양치식물이다. 뿌리줄기가 옆으로 뻗으며 끝 부분에 인편이 밀생하고 잎이 드문드문 나온다. 인편은 뿌리줄기에 밀착하며 삼각상 난형으로 끝이 뾰족하고 흑갈색이다.

번식법

봄에 포기 나누기로 증식시킨다. 포자로 번식하지만 쉽지 않다. 포자를 수태에 파종하여 공중습도를 유지하면 싹이 돋아난다.

분 재배법

분에 재배할 시는 가루를 뺀 산모래나 마사토에 수태물이끼를 잘게 잘라서 20% 정도 섞어 얕게 심어 준다. 강한 햇빛이 닿지 않도록 하고 하루 한 번씩 물을 흠뻑준다. 거름은 별로 필요치 않으나 하이포넥스를 월 1회 정도준다. 돌이나 해고판에 붙여서 가꾸어도 좋다.

산일엽초

햇빛 관계 : 반양, 반음 / 내한성 : 강 / 물관리 : 좋아함 / 비료관리 : 보통

특성과 형태

상록성 양치식물이다. 가느다란 근경이 옆으로 뻗으며 잎이 드문드문 나온다. 선상 피침형 잎은 연두색이 도는 녹색으로 뒷면은 흰빛이 돌고 좌우에 포자낭이 달린다. 비슷한 종으로 일엽초 · 다시마일엽초 · 밤일엽초 · 애기일엽초 · 우단일엽초 등이 있다.

번식법

잎에 붙은 근경을 잘라 분주하면 번식이 잘 된다.

분 재배법

분에 재배할 시는 마사토에 부엽토를 40% 정도 섞어서 심고 공중습도를 잘 유지하는 것이 좋다. 반그늘에서 관리하며 내한성이 강하지만 겨울철 차고 건조한 바람은 피한다. 고목뿌리나 해고판에 붙여서 재배하거나 수반형 화분에 심는다. 수석에 착생시켜 다른 양치식물과 혼식을 통해 분경 분재를 하면 더욱 운치가 있다.

세뿔석위

햇빛 관계 : 반양, 반음 / 내한성 : 강 / 물관리 : 좋아함 / 비료관리 : 보통

특성과 형태

상록성 양치식물이다. 높이는 15~20cm 내외로 뿌리줄기가 짤막하게 옆으로 기면서 자란다. 잎자루가 길며 잎은 3~5갈래로 갈라졌으나 3갈래로 갈라진 가운데 잎이 더 길어서 마치 쇠창살처럼 보인다. 잎의 표면은 녹색이고 뒷면과 잎자루에 갈색 털이 밀생한다.

번식법

분갈이할 때 포기 나누기를 통해 번식한다.

분 재배법

분에 재배할 시는 분의 밑 부분에 20~25% 정도 굵은 마사를 깔고 가루를 뺀 산모래나 마사토에 부엽토를 30~40% 정도 섞은 흙에 심고 배수가 잘 되게 한다. 건조에 특히 강한 식물이지만 공중 습도를 유지해 주고 물은 보통으로 주며 분토가 마르면 잎이 뒤로 말리지만 물을 주면 바로 원상복귀한다. 환경이 바뀌면 쇠약해지므로 생육 기간 중에는 자주 자리를 옮기지 않는다.

엉겅퀴

햇빛 관계 : 호광성 / 내한성 : 강 / 물관리 : 좋아함 / 비료관리 : 보통

특성과 형태

다년생 식물로 높이 50~100cm로 자란다. 잎은 크고 길게 갈라지며 가시가 많다. 길게 자란 원줄기와 가지 끝에 한 송이씩 홍자색 또는 진홍색 꽃을 피우는데 꽃잎은 실오라기처럼 가는 관상화가 모여 수술처럼 보인다.

번식법

봄가을에 분갈이를 할 때 포기 나누기로 번식한다. 실생은 종자를 채취하며 이듬해 3~4월 직파하면 2~3주 후에 발아한다. 겨울을 넘기고 이듬해 봄 싹이 자라 그 해 여름 꽃이 핀다.

분 재배법

키가 크게 자라는 식물이기에 양지바르고 물 빠짐이 좋은 사질토에 심어 키를 낮게 가꾸어야 한다.

분에 재배할 시는 다소 큰 분을 선택하여 가루를 뺀 산모래나 마사토로만 심어서 배수가 잘 되게 하고 물을 흠뻑주고 충분한 햇빛을 쪼여 준다. 물거름을 봄 · 가을 한달에 1~2회 정도 준다. 물은 보통으로 준다.

주름제비난

햇빛 관계 : 반음 / 내한성 : 강/ 물관리 : 내서성 / 비료관리 : 보통

특성과 형태

다년생 식물로 높이 30~60cm 내외. 뿌리의 일부분이 굵어지고 4~7장의 잎이 호생한다.
잎은 긴 타원형이고 가장자리에 주름이 많이가며 끝이 둔하다. 꽃은 연한 홍색이고 많이 달린다. 포는 녹색이며 가늘고 꽃보다 길다.

번식법

분갈이시 포기 나누기로 번식한다.

분 재배법

분에 재배할 시는 가루를 뺀 산모래나 마사토에 부엽토를 20% 정도 섞어서 조금 깊은 분에 심어야 한다.
여름에는 그늘에 두고 통풍을 좋게 하고 거름은 유박이나 물거름을 1개월에 2회 정도 주고, 하이포넥스 액비를 묽게 희석해서 사용한다. 물은 보통으로 준다.

바위취

햇빛 관계 : 호광성 / 내한성 : 강 / 물관리 : 좋아함 / 비료관리 : 좋아함

✚ 특성과 형태

일본이 원산지인 상록성 다년생 식물로 온 몸이 털로 덮여 있다. 잎은 심장꼴로 전면은 흰 줄무늬가 뚜렷하며 후면은 붉은색을 띤 자주색이다. 잎보다 긴 잎자루 끝에 큰 대大자 처럼 생긴 흰 꽃이 많이 달린다. 잎 사이에 가는 포복경이 길게 신장하여 그 끝에 새로운 포기를 만들어 늘어난다.

✚ 번식법

포복경 끝에서 새로 자라난 싹을 잘라 심으면 쉽게 싹이 돋아난다.

✚ 분 재배법

적응력이 강하여 어떤 흙에 심어도 잘 자라지만 산모래와 마사토를 사용해 심는 것이 좋다. 물을 좋아하기 때문에 매일 1회 정도 주고 물 빠짐을 좋게 하여 과습 상태에 놓이지 않도록 한다.

비료는 하이포넥스 액비를 묽게 희석하여 엽면이나 분토에 직접 뿌려주면 잘 자란다.

큰천남성

햇빛 관계 : 내음성 / 내한성: 중 / 물관리 : 보통 / 비료관리 : 비옥토

특성과 형태

다년생 식물로 높이 60~80cm 내외. 지하 구경에 작은 구슬 모양의 구경이 몇 개씩 달린다. 이 구경이 자라 새로운 잎과 꽃이 핀다.

봄에 2장의 잎 사이에서 꽃대가 올라와 흰빛이 감도는 푸른색 또는 짙은 자주색 꽃이 핀다. 꽃은 한 포기에 한 송이가 위를 향해 피는데 통 모양이며 끝부분이 안쪽으로 길게 꾸부러져 있으며 통부의 길이는 약 8cm 정도이다. 열매는 옥수수 모양으로 8~9월에 적색으로 성숙한다.

번식법

늦가을에 채취한 종자를 낙엽수림의 습한 곳에 직파한다. 봄에 발아한 새촉은 1년 뒤에 이식한다. 지하부의 구경을 분주하여 번식한다.

분 재배법

부엽질과 유기질이 풍부하고 보습성이 좋은 곳에 심어주고 반 그늘이 지게 한다. 분에 재배할 시는 좀 큰 분을 택하여 바닥에 굵은 마사토를 깔고 가루를 뺀 산모래나 마사토에 약 30%의 부엽토를 혼합해서 심어 물빠짐을 좋게 한다. 거름을 좋아하기 때문에 유박이나 물비료를 월 1~2회 정도 주며 물은 보통으로 준다.

노루발

햇빛 관계 : 내음 성/ 내한성 : 강 / 물관리 : 보통 / 비료관리 : 보통

특성과 형태

다년생 식물로 높이 15~ 25cm 내외. 뿌리로부터 나온 잎이 여러 장 자라 사방으로 퍼지며 긴 타원형이고 긴 잎자루가 있다. 잎은 상록성이며 짙은 녹색으로 윤기가 나며 두텁고 가장자리에 약간의 둔한 톱니가 있다.

잎 사이로부터 꽃대가 길게 올라와 윗부분에 작고 흰 꽃이 여러 송이 핀다. 비슷한 종으로 분홍노루발과 애기노루발 · 매화노루발이 있다.

번식법

토양 미생물과 공생하는 식물이어서 번식이 어렵다. 그만큼 재배 또한 어려운 식물이다.

분 재배법

자생지에서 채취한 식물은 반드시 뿌리에 공생하는 근균을 가지고 와서 낙엽 수하부의 부엽질과 유기질이 풍부한 곳에 심는다.

분에 재배할 시는 산모래나 마사토에 부엽토를 20~30% 정도 섞은 흙에 심는 것이 보통이나 자생지의 토양을 가지고 와서 같이 섞어 심어야 한다. 반그늘에서 관리하고 물은 하루에 1번 주고 거름은 봄 · 가을에만 물거름을 한 달에 1~2회 준다.

비짜루

햇빛 관계 : 호광성 / 내한성 : 강 / 물관리 : 보통 / 비료관리 : 보통

특성과 형태

다년생 식물로 높이 50~100cm 내외. 원줄기는 둥글고 가지를 많이 치는데 가시처럼 변한 가지는 3~9개 뭉쳐서 나온다. 잎 겨드랑이에 3~4송이가 모여 백록색 꽃을 피운다. 바닷가에서 자라는 천문동이나 도입한 식물인 아스파라거스와 아주 비슷하다.

번식법

분갈이할 때 포기 나누기로 번식한다. 가을에 붉게 익은 열매를 따 과육을 씻어 내고 속에 든 씨를 골라낸다. 봄에 이 씨를 심으면 싹이 튼다.

분 재배법

분에 재배할 시는 산모래나 마사토에 약간의 부엽토를 섞어서 심어 주고 비료는 물비료를 월 1~2회 정도 준다. 햇빛을 충분히 쪼여 주며 물은 하루에 한 번 준다.

봄에 처음 돋아난 굵은 싹을 잘라 주면 다시 가는 싹이 나오는데 이 싹을 가꾸면 키를 낮출 수 있다.

감자난

햇빛 관계 : 반양, 반음 / 내한성 : 강 / 물관리 : 보통 / 비료관리 : 보통

✚ 특성과 형태

상록성 다년생 식물로 활엽수림 아래 비옥한 토양에서 자란다. 잎은 긴 칼날꼴이고 양쪽 끝이 뾰족하며 주름이 잡혀 있다. 위경에서 1장의 잎이 돋아나 겨울을 나고 이듬해 꽃이 핀 다음 시든다. 잎 없이 여름을 가휴면 상태로 지낸다. 꽃은 어긋나게 달리고 밑에서부터 차례로 피어 올라간다. 꽃이 지고 난 뒤에 달리는 삭과는 실테의 모양이고 말라서 벌어지면 먼지처럼 미세한 씨가 바람을 타고 날아간다. 약간의 향이 있다.

✚ 번식법

포기나누기로 번식시키는 것이 가장 무난하다. 씨앗이 먼지처럼 미세하여 실생 번식은 어렵고 땅에 떨어져 간혹 자연 발아하기도 한다.

✚ 분 재배법

부엽질이 충분한 사질 토양이 깔린 반 그늘진 곳에서 재배한다. 여름철 고온다습에 주의한다.

분에 재배할 시는 가루를 뺀 산모래나 마사토에 50% 정도 혼합한 흙을 쓰고 비옥한 토질을 좋아하므로 물비료나 하이포넥스 액비를 묽게 타서 직접 분토에 뿌려준다.

초롱꽃

햇빛 관계 : 호광성 / 내한성 : 강 / 물관리 : 보통 / 비료관리 : 보통

특성과 형태

다년생 식물로 전체에 거친 털이 있다. 줄기는 꼿꼿이 서고 높이 30~80cm 크기로 자란다. 잎은 서로 어긋나게 자라며 계란형으로 가장자리에 불규칙한 톱니가 있다.

줄기 윗부분의 잎 겨드랑이에 여러 줄기의 꽃대가 자라 종 모양의 꽃이 밑을 향해 핀다. 백색의 꽃에는 털과 더불어 자주색 반점이 있다.

번식법

주로 포기 나누기로 번식하고 땅속줄기가 왕성하여 많은 묘를 증식할 수 있다. 여름철 늦게 근경을 2~3마디씩 잘라 묘판에 꺾꽂이를 해도 뿌리가 잘 내린다. 종자 번식도 쉽다. 종자를 채취하여 직파하면 이듬해 봄에 발아한다.

분 재배법

배수성이 좋고 약간 척박하며 햇빛이 잘 드는 장소에 심는다. 분에 재배할 시는 산모래나 마사토를 이용하여 식재하고 비료를 많이 주면 너무 크게 자라기 때문에 염두에 두어야 한다. 키가 너무 웃자라지 않도록 물조절하고 햇빛을 많이 쬐어 준다. 단 여름철에는 반그늘에서 기른다.

물솜방망이

햇빛 관계 : 호광성 / 내한성 : 강 / 물관리 : 좋아함 / 비료관리 : 보통

특성과 형태

다년생 식물로 높이 50~60cm 내외. 산지 초원의 습지에서 자란다. 줄기는 꼿꼿이 서고 가지를 치지 않으며 잔털이 있다. 잎은 어긋나고 피침형이며 꽃은 황색으로 줄기 끝에 많이 뭉쳐서 핀다.

번식법

포기 나누기로 번식하며, 7월에 종자를 채취하여 즉시 파종하면 곧 발아한다. 10월경에 어린 묘를 이식한다.

분 재배법

양지바르고 습기가 충분한 땅에 심어 재배한다. 부엽질과 유기질이 함유된 토양을 좋아한다.

분에 재배할 시는 산모래에 부엽토를 반반으로 섞은 흙에 심어 햇빛이 잘 드는 양지에서 관리하며 물은 매일 1~2회 정도 준다. 개화기간이 길고 잎과 줄기가 백록색이며 노란꽃이 피어 관상가치가 높다.

금낭화

햇빛 관계 : 반양, 반음 / 내한성 : 강 / 물관리 : 좋아함 / 비료관리 : 비옥

특성과 형태

다년생 식물로 높이 40~50cm 내외로 전체가 흰빛이 도는 녹색이다. 잎은 서로 어긋나게 자라며 깃털 모양으로 갈라지고 원줄기 끝과 잎 겨드랑이에서 꽃대가 나와 활처럼 한쪽으로 치우쳐 꽃이 주렁주렁 달린다. 꽃받침은 주머니처럼 끝이 모아져 있고 속에서 흰 꽃잎이 밖으로 빠져 나온다.

번식법

6~7월 종자를 채취하여 묘포 상자에 습기가 잘 유지되도록 해서 직파한다. 파종 후에는 묘포 상자에 짚이나 왕겨를 덮어 주는 것이 좋다.

봄에 발아한 묘를 7~8월 경에 이식한다. 분갈이시 포기 나누기나 꺾꽂이로도 가능하지만 큰 성과를 기대하기는 힘들다.

분 재배법

강인한 식물로 어떤 토양에서도 잘 자란다. 부엽질이 충분하고 통기성이 좋은 장소 또는 척박한 곳에서도 잘 적응하므로 재배하기 쉬운 식물이다. 화분 크기에 따라 밑부분에 굵은 마사토를 25% 깔고 산모래에 부엽토 30% 혼합하여 물빠짐을 좋게하며 물은 하루 한 번 흠뻑준다. 거름은 유박이나 물비료를 한 달에 2~3회 준다.

둥굴레

햇빛 관계 : 반양, 반음 / 내한성 : 강 / 물관리 : 좋아함 / 비료관리 : 비옥토

특성과 형태

다년생 식물로 높이 30~50cm 내외. 줄기는 가지를 치지 않고 비스듬히 자라는데 윗부분은 모가 지고 잎은 넓은 계란꼴로 어긋나게 달리며 두 줄의 규칙적인 배열을 이룬다. 잎 겨드랑이마다 푸른빛을 띤 흰 꽃이 한두 송이씩 달리며 끝은 6갈래로 갈라진 종 모양이다.

번식법

봄가을에 지하경을 3~5마디씩 잘라서 삽목하면 싹이 돋아난다.

분 재배법

내한성이 강한 식물로 겨울에 지상부가 말라 죽고 굵은 지하경이 살아남는다. 토양은 가리지 않으나 반 그늘진 곳에서 재배하는 것이 좋다.

분에 재배할 시는 산모래나 마사토에 부엽토를 30%정도 섞어서 3~5개의 마디를 잘라 심어준다. 비료는 깨묵 썩힌 물비료를 준다.

2~3년에 한 번씩 분갈이 하면서 포기나누기를 한다.

◀ 각시둥굴레

쥐오줌풀

햇빛 관계 : 호광성 / 내한성 : 강 / 물관리 : 좋아함 / 비료관리 : 보통

특성과 형태

다년생 식물로 높이 40~80cm 내외. 뿌리에 강한 향기를 갖고 있으며 땅속으로 가는 근경이 자라 번식하고 마디 부근에 긴 백색 털이 있다. 근생엽은 꽃이 필 때 없어지며 경생엽은 대생하고 잎은 크게 자라 5~7갈래로 갈라지며 소엽은 가장자리에 톱니가 있다.

꽃은 5~8월에 줄기 끝에 많이 뭉쳐서 담홍색으로 핀다.

번식법

봄 · 가을에 분갈이를 하면서 포기 나누기를 하여 번식하고 8월경 종자를 채취하여 직파하거나 이른봄에 파종하면 바로 발아한다. 파종한 후에는 반 그늘에서 보관한다.

분 재배법

보습성이 좋고 부엽질과 유기질이 풍부한 그늘진 장소에 심어 재배한다. 분에 재배할 시는 밑 부분에 굵은 마사를 깔고 가루를 뺀 산모래나 마사토에 부엽토를 20% 정도 섞어 심는다. 물은 하루 한 번 주며 거름은 유박이나 물비료를 월 2~3회 준다.

금강봄맞이

햇빛 관계 : 호광성 / 내한성 : 강 / 물관리 : 보통 / 비료관리 : 보통

특성과 형태

다년생 식물로 설악산 · 금강산의 응달 암벽 틈에서 자란다. 모든 잎은 짧은 근경에서 나온다. 잎은 원형이고 7~11 갈래로 갈라지고 가장자리에 톱니가 있다. 잎자루는 3~6cm이고 꽃은 6월에 피며 7~12cm의 긴 꽃줄기 끝에 7~17 장의 꽃잎으로 된 1개의 산형화서가 달린다.

번식법

분갈이시 포기 나누기로 증식한다. 씨앗으로도 번식한다.

분 재배법

노지재배는 비교적 쉬워 척박한 땅이나 비옥토를 가리지 않고 잘 자란다. 분에 재배할 시는 가루를 뺀 산모래나 마사토에 부엽토를 약간 섞어서 배수가 잘 될 수 있도록 식제한 후 햇빛이 잘들고 통풍이 좋은 장소에서 관리한다. 거름은 유박이나 물비료를 월 1회 정도 주고 물은 보통으로 준다.

매발톱꽃

햇빛 관계 : 호광성 / 내한성: 강 / 물관리 : 보통 / 비료관리 : 보통

✚ 특성과 형태

다년생 식물로 높이 30~50cm 내외. 잎은 뿌리에 모여 나오며 3매씩 2회 갈라지고 줄기에서 나온 잎은 3매로 짧고 작다. 꽃은 자갈색이고 줄기 끝에서 밑을 향해 달린다. 유독성 식물이다. 교잡에 의해 꽃의 모양이 다양한 편이다.

✚ 번식법

포기가 자연적으로 불어나므로 포기나누기를 하여 심고 종자를 채취하여 곧바로 파종한다. 파종 후 20일이면 발아하며 이식하여 주면 이듬해 개화한다.

✚ 분 재배법

물 빠짐이 좋은 사질 토양으로 통풍이 잘 되며 양지바른 장소에서 재배한다. 분에 재배할 시는 분 하단에 굵은 자갈을 깔고 산모래나 마사토에 20~30%의 부엽토를 혼합하여 심는다. 그리고 물을 충분히 주며 봄에는 오전에만 햇빛을 쪼이고 오후에는 그늘에서 키운다. 여름에는 반그늘에서 기르고 습도조절과 고온에 주의한다. 갈아심기는 2~3년에 한번 하며 비료를 좋아하므로 하이포넥스 액비를 1천배로 희석 월 1~2회 준다.

큰까치수영

특성과 형태

다년생 식물로 높이 60~100cm 내외. 줄기는 꼿꼿이 서고 밑동은 붉은빛이 돌며 거의 가지를 치지 않는다. 잎은 타원형 또는 피침형으로 끝이 뾰족하고 가장자리에 흰 털이 있다.
꽃은 줄기 끝에 이삭 모양으로 뭉쳐서 피는데 한쪽으로 기울어지며 꽃잎은 5장이고 꽃이지고나면 꼿꼿이 선다.

번식법

분갈이시 포기 나누기로 번식하며 실생은 10월에 종자를 채취하여 직파하거나 이듬해 봄에 파종하면 2주 후에 발아한다.

분 재배법

양지바르고 물 빠짐이 좋은 사질 양토에 부엽토를 혼합하여 재배 한다.
분에 재배할 시는 좀 크고 깊은 분을 선택하여 가루를 뺀 산모래나 마사토에 약간의 부엽토20% 를 섞은 흙에 심어서 배수처리가 잘 되게 하고 키가 100cm까지 크게 자라므로 햇빛을 많이 쪼여 키를 낮추어야 한다. 물을 좋아하며 거름은 봄 · 가을에 물비료를 월 1회 정도 준다.

자금우

특성과 형태

제주와 남부 지방 해안에서 자라는 상록성 소관목으로 높이 15~20cm 내외이다. 키가 작아서 마치 풀처럼 보인다. 지하경이 옆으로 뻗으며 줄기가 지상으로 올라와서 새로운 포기를 형성하면서 늘어난다.
잎은 줄기 상단에 윤생하거나 마주나며 난형 또는 타원꼴이고 가장자리에 작은 톱니가 있다. 초여름에 흰빛을 띤 연분홍색 꽃이2~3송이씩 달린다. 둥근 열매는 9월에 붉게 익으며 이듬해 꽃이 필 때까지 매달려 있다.

번식법

포기 나누기로 번식하고, 꺾꽂이와 근경 삽목으로도 번식된다.

분 재배법

햇빛이 잘 들고 통기성과 배수성이 좋은 사질 토양에 심어 재배한다. 강인한 식물이기에 재배는 비교적 용이하다.
분에 재배할 시는 가루를 뺀 산모래나 마사토에 부엽토를 20~30% 섞은 흙에 심고 물을 흠뻑준 뒤 햇빛을 쪼여준다. 공중습도를 좋게 해 주면 잎이 짙은 푸름을 유지하여 아주 아름답다. 거름은 물비료를 1~2회 준다.

병아리난초

햇빛 관계 : 반양, 반음 / 내한성 : 강 / 물관리 : 보통 / 비료관리 : 보통

특성과 형태

다년생 식물로 높이 10~20cm 내외. 잎은 한 장이고 긴 타원형이며 가늘고 길다. 연분홍색 꽃은 10~20 송이가 줄기 끝에 피는데 설판이 3갈래로 갈라진다.

번식법

분갈이시 포기 나누기로 번식하는데 그때 지하부의 괴경을 3~4개씩 붙여서 가른다.

분 재배법

물빠짐이 좋은 사질 양토에 부엽토를 적당히 섞어서 식재한다. 뿌리가 약하므로 물이 고이지 않게 하고 반그늘지고 통풍이 잘 되게 한다. 여름철 직사광선과 고온에 주의한다.

분에 재배할 시는 가루를 뺀 산모래나 마사토에 부엽토를 20% 정도 섞어서 심고 물빠짐을 좋게 해야 한다. 봄 · 가을 오전 중에는 햇빛을 충분히 쪼여주고 여름철에는 고온에 약하므로 그늘에 두어 통풍이 잘 되게 관리한다. 물은 보통으로 주고 거름은 월 1~2회 정도 하이포넥스 액비를 묽게 희석하여 잎과 분토에 살포한다.

참좁쌀풀

햇빛 관계 : 반양, 반음 / 내한성 : 강 / 물관리 : 좋아함 / 비료관리 : 보통

특성과 형태

다년생 식물로 높이 50~100cm 내외. 줄기는 곧게 서고 윗부분에서 많은 꽃이 핀다. 잎은 마주 나기도 하고 3~4매가 줄기를 둘러싸기도 한다. 꽃은 황색으로 줄기 끝에 이삭 모양을 이룬다. 꽃받침잎이 5장이며 꽃잎도 5장이다. 한국 특산 식물로서 강원 이북 산지의 풀밭에서 자란다.

번식법

종자 채취가 어렵기 때문에 봄과 가을에 분갈이시 포기 나누기에 의해서 번식한다.

분 재배법

매우 강인한 식물로서 특별하게 토양을 가리지 않으므로 반 그늘지고 습기가 있는 장소에 심어 재배한다.

분에 재배할 시는 산모래나 마사토에 물빠짐을 좋게하며 거름은 되도록 주지 않아야 도장을 막을 수 있다. 여름에는 반그늘에서 통풍이 잘 되게 한다.

동자꽃

햇빛 관계 : 호광성 / 내한성 : 강 / 물관리 : 좋아함 / 비료관리 : 좋아함

특성과 형태

다년생 식물로 깊은 산 초원 늪지에서 자란다. 높이는 50cm 내외. 잎은 마디마다 2장씩 마주나고 피침형이며 잎 가장자리에 털이 있다.

꽃은 붉은색으로 꽃잎은 다섯 장이며 꽃잎 끝이 깊이 갈라져 마치 제비꼬리처럼 보인다.

번식법

봄과 가을에 분갈이를 하면서 포기 나누기로 증식하고 줄기를 잘라 꺾꽂이를 해도 잘 자란다. 초가을에 채취한 종자를 묘판에 파종하면 이듬해 봄에 발아한다.

분 재배법

보습성이 좋은 비옥한 토양에 심고 잡초가 달려들지 못하게 한다. 햇빛을 좋아하나 여름철 직사광선은 피하는 것이 좋다.

분에 재배할 시는 습도를 좋아하므로 산모래에 부엽을 20~30% 정도 혼합하거나 이끼를 잘게 썰어 혼합한 흙에 식제한 후 물을 흠뻑 준다. 햇빛을 충분히 쪼여주면 잘 자라는데 여름에는 반그늘에서 관리하고 거름은 깨묵 썩힌 물비료를 봄 · 가을에 월 2~3회 준다.

월귤

햇빛 관계 : 호광성 / 내한성 : 강 / 물관리 : 내건성 / 비료관리 : 보통

✚ 특성과 형태

상록성 소관목으로 높이 10~15cm 내외. 잎은 빳빳하고 진초록색이며 두껍다. 잎 가운데 엽맥이 뚜렷하고 윤기가 난다. 줄기 끝에 종모양의 흰꽃이 5~6송이씩 달린다.

✚ 번식법

주로 꺾꽂이로 번식하는데 이른 봄에 2~3마디를 잘라 모래판에 꽂는다. 뿌리가 잘 내렸을 때 이식한다.

✚ 분 재배법

고산 식물로 양지바르고 조금 척박하며 물 빠짐이 좋은 토질에 심어서 지하부를 과습하지 않게 관리한다.

분에 재배할 시는 작고 얕고 분에 마사토나 산모래에 부엽토를 10% 정도 혼합해서 물빠짐을 좋게한다. 과습하면 뿌리가 썩으므로 물을 자주 주지 말고 햇빛과 통풍이 절 되는 곳에서 관리한다. 비료는 유박이나 물비료를 월 2회 정도 준다. 분갈이는 3~4년에 1회 정도 한다.

긴겨이삭

햇빛 관계 : 호광성 / 내한성 : 강 / 물관리 : 좋아함 / 비료관리 : 좋아함

특성과 형태

금강산 이북 지방에서 자라는 다년생 식물로 높이는 30~80cm 내외. 밑부분에서 새싹이 돋아나며 잎은 길이 3~10cm로서 약간 휘어지며 밑 부분에서 자란 잎은 접혀서 실처럼 늘어진다. 잎은 넓은 피침형이며 끝이 뾰족하다. 이삭은 털같이 가늘고 연한 녹색 바탕에 약간의 자줏빛이 돈다. 꽃은 6~8월에 핀다.

번식법

포기 나누기로 번식한다. 씨를 뿌려도 쉽게 발아한다. 2~3촉씩 붙여서 포트에 옮겨 심는다.

분 재배법

약간 낮고 작은 분에 수태물이끼로 뿌리를 감싸서 심어 주고 물을 자주 주며 비료는 물비료를 월 2~3회 준다.

만병초

햇빛 관계 : 반양, 반음 / 내한성 : 강 / 물관리 : 보통 / 비료관리 : 싫어함

특성과 형태

지리산 · 울릉도 · 강원도 이북 지방에서 자라는 상록관목으로서 높이 50~100cm에 달하고 어린 가지에 회색 털이 밀생하지만 곧 없어지며 갈색으로 변한다. 잎은 호생하지만 가지 끝에 5~7장이 총생하고 긴 타원형 또는 피침형이다. 표면은 짙은 녹색이며 주름이 진 것 같고 뒷면은 회갈색 또는 연한 갈색 털이 밀생하며 뒤로 말린다.

꽃은 7월에 가지 끝에 10~20 송이가 달리는데 백색 또는 연한 황색이며 안쪽 윗면에 녹색 반점이 있다. 연한 홍색으로 피는 것을 홍만병초라 하고 울릉도에서 자란다. 백두산에서 자라는 백황색 꽃이 피는 것을 노랑만병초라 한다. 열매는 9월에 익는다. 키우기 어려운 식물이다.

번식법

포기나누기와 삽목으로 번식한다.

분 재배법

분에 재배할 시는 좀 크고 깊은 분을 하며 산모래나 마사토로 만 심어 주고 도장을 피하기 위하여 물이나 비료는 삼가하고 반 그늘에서 관리한다.

금마타리

햇빛 관계 : 호광성 / 내한성 : 강 / 물관리 : 보통 / 비료관리 : 보통

✚ 특성과 형태

다년생식물로 높이 20~30cm 내외. 울릉도 · 제주도를 제외한 전국 각지에서 자란다. 줄기는 곧게 서고 뿌리에서 나온 잎은 잎자루가 길고 깊게 5갈래로 갈라졌다가 다시 얕게 갈라진다. 줄기 상단에 노란색 꽃이 여러 송이 뭉쳐서 핀다.

✚ 번식법

봄과 가을에 분갈이를 하면서 포기 나누기로 번식하며 새 순이 15cm 정도일 때 잘라서 모래판에 꽂아 뿌리를 내린다. 9~10월에 채취한 종자를 봄에 파종하면 곧 발아한다. 새로 자란 싹은 2년 뒤 개화한다.

✚ 분 재배법

양지바르고 물 빠짐이 좋은 사질토양으로 적당한 습도가 유지되는 장소에 심어 재배한다.

분에 재배할 시는 가루를 뺀 산모래나 마사토를 사용해서 부엽질을 넣지 않고 심는다. 원래 척박한 토양에서 잘 자라며 배수처리가 잘 되고 햇빛을 충분히 쪼여주며 거름은 유박이나 물비료를 봄 · 가을 한 달에 1회 정도 준다. 물은 보통으로 준다.

왜승마

햇빛 관계 : 호광성 / 내한성 : 강 / 물관리 : 보통 / 비료관리 : 보통

특성과 형태

다년생 식물로 높이 60~80cm 내외. 제주도와 거제도를 비롯한 남해 도서지방에 자생한다. 뿌리에서 나온 잎은 잎자루가 길며 1~2회 3장씩 갈라지는데 마치 손바닥처럼 얕게 갈라지고 불규칙한 톱니가 있다. 줄기 끝에 흰 꽃이 이삭 모양으로 달린다.

번식법

봄철에 분갈이할 때 포기 나누기를 한다. 종자를 받은 즉시 뿌리면 이듬해 봄에 돋아난다.

분 재배법

낙엽 활엽수 하부의 부엽질이 충분한 곳에 심는다. 봄과 가을에는 햇빛을 쪼여 주며 여름철에는 직사광선을 피하는 것이 좋다.

분에 재배할 시는 산모래에 이끼를 잘게 썰어서 섞은 흙을 사용해서 삭제하고 햇빛을 충분히 쪼여주며 물과 거름은 자주 주지 않아야 도장을 막을 수 있다.

거름은 월 1회 정도 물비료를 주고 여름철에는 강한 햇빛을 피한다.

산마늘

햇빛 관계 : 반양, 반음 / 내한성 : 강 / 물관리 : 보통 / 비료관리 : 보통

특성과 형태

다년생 식물로 울릉도와 강원도 일부 산지에서 자란다. 잎은 길이가 20~30cm, 나비는 3~10cm이고 타원형이며 2~3장 달린다. 잎 사이에서 높이 40~70cm의 꽃줄기가 자라 그 끝에 작고 흰 꽃이 둥글게 뭉쳐 핀다. 강한 마늘 냄새가 나는 식물로 연한 싹과 인경을 식용으로 한다.

번식법

이른 봄에 포기 나누기로 번식 시킬 수 있고 가을에 종자를 채취하여 직파한다. 이듬해 봄에 발아한 묘는 묘판에서 1년간 재배 후 이식한다.

분 재배법

고온다습에 약하므로 반 그늘지고 물 빠짐이 좋은 사질토양으로 바람이 잘 통하는 장소에서 재배한다.

분에 재배할 시는 가루를 뺀 산모래나 마사토에 약간의 부엽토를 섞은 흙에 심는다. 원래는 나무 그늘 숲속에서 자라는 식물이기에 여름철 반그늘진 곳에서 통풍이 잘 되게 관리한다. 거름은 유박이나 물비료를 봄 · 가을에 1~2회 주면 좋다.

대사초

햇빛 관계 : 호광성 / 내한성 : 강 / 물관리: 보통 / 비료관리 : 보통

특성과 형태

산지의 숲속에서 자라는 다년생 식물로 높이 10~40cm 내외. 가느다란 근경과 뻗는 줄기가 있으며 포가 달려 있는 윗부분은 화경과 더불어 약간의 털이 있으나 밑 부분은 밋밋하다. 잎은 피침형으로 3맥이 뚜렷하고 뒷면에 약간의 털이 있다.

번식법

포기 나누기를 한다. 근경을 3~4마디씩 잘라서 나누어 심는다.

분 재배법

숲속에서 자라는 식물이므로 부엽질이 풍부하고 배수성이 좋은 사질 토양을 골라 양지바른 곳에서 재배한다.

분에 재배할 시는 가루를 뺀 산모래나 마사토에 부엽질을 30% 정도 혼합하여 사용한다. 꽃은 피지만 감상의 대상이 아니고 어디까지나 잎에 있다. 잎에 녹색이 선명하여 매우 운치가 있는 식물이다.

양지바른쪽에서 관리하며 물은 가끔 주고 거름은 유박이나 물비료를 한 달에 1~2회 정도 준다.

흰꿀풀

햇빛 관계 : 호광성 / 내한성 : 강 / 물관리 : 내건성 / 비료관리 : 보통

특성과 형태

다년생 식물로 높이 20~30cm 내외. 잎은 긴타원형으로 마디마다 서로 마주나고 줄기 끝에 흰꽃이 많이 뭉쳐서 피는데 꽃잎을 뽑아서 맛을 보면 달기 때문에 꿀풀이라고 한다. 꽃이 일찍 피었다가 하지 때 지상부가 말라 버리기 때문에 하고초夏枯草라고 부른다.

번식법

봄에 분갈이시 포기 나누기로 번식하고 종자를 채취하여 바로 파종한다.

분 재배법

노지의 재배는 양지바른 곳으로 부엽질과 유기질이 풍부하고 배수성이 좋은 사질토에 식재한다.

분에 재배할 시는 화분 밑 부분에 굵은 마사토를 20~30% 깔고 산모래와 밭흙을 많이 섞어 심어준다.

내건성이 강한 식물이므로 물은 자주말아야 하며 햇빛을 많이 쪼여주고 비료는 봄 · 가을에 물비료를 월1회 정도 준다.

꿀풀

햇빛 관계 : 호광성 / 내한성 : 강 / 물관리 : 내건성 / 비료관리 : 보통

특성과 형태

다년생 식물로 여름에 일찍 꽃이 피었다가 하지 때 지상부가 말라 버리기 때문에 하고초夏枯草라고 부른다. 꽃대 끝 부분에 보라색 꽃이 많이 뭉쳐서 피는데 꽃잎을 뽑아서 맛을 보면 달기 때문에 꿀풀이라 한다. 비슷한 종류로 두메꿀풀 · 붉은꿀풀 등이 있다.

번식법

봄에 새눈이 나오기 시작할 때 포기 나누기를 실시하고 가을에 종자를 채취하여 직파한다.

분 재배법

부엽토가 많고 배수성이 좋은 양지쪽에 심어 재배한다.

분에 재배할 시는 화분 밑부분에 굵은 마사를 깔고 산모래나 밭흙을 많이 섞어 심는다. 내건성이 강하기 때문에 물을 너무 자주 주지 말고 햇빛에 내 놓아서 도장을 막는다.

비료는 깨묵이나 물비료를 월 1회 정도 준다.

용머리

햇빛 관계 : 호광성 / 내한성 : 강 / 물관리 : 좋아함 / 비료관리 : 보통

특성과 형태

다년생 식물로 높이 15~40cm 내외. 줄기는 기부에서 여러 개 뭉쳐서 나오고 곧게 서며 네모지고 흰 잔털이 있다. 잎은 마주나며 선형으로 두텁고 끝이 둔하다. 꽃은 자주색으로 줄기 끝에 입술 모양의 꽃이 3~4송이 달린다. 꽃은 자주색이지만 백색인 것을 흰용머리라고 부른다.

번식법

꽃이 지고 난 뒤 분갈이할 때 포기 나누기에 의하여 번식하고 9~10월 경에 종자를 채취하여 직파하거나 이듬해 봄에 파종하면 곧 발아한다. 삽목을 해도 잘 자란다.

분 재배법

강인한 식물이어서 어떤 환경이나 토양에서도 잘 자란다.

분에 재배할 시는 산모래나 마사토에 부엽토를 30% 정도 섞은 흙에 심고 햇빛을 충분히 쪼여준다. 물은 하루 한번 주며 거름은 물비료를 월 1~2회 준다.

만년석송

햇빛 관계 : 반양, 반음 / 내한성 : 강 / 물관리 : 보통 / 비료관리 : 보통

특성과 형태

상록성 양치식물로 높은 산 숲속에서 자란다. 원줄기가 옆으로 뻗고 적갈색이며 좁은 비늘 같은 잎이 드문드문 달린다. 곧추 자라는 가지가 나와서 높이 15cm 내외로 밑 부분은 가지가 없으나 윗부분은 가지가 비스듬히 퍼져 마치 우산 모양을 이룬다.

번식법

분갈이할 때 포기 나누기로 번식하는 것이 좋다.

분 재배법

분에 재배할 시는 높이가 낮고 좀 넓은 수반형분을 택하여 산모래나 부엽토를 반반 섞은 흙에 심어 보습성과 배수성을 좋게 하고 반 그늘에서 관리한다. 물은 보통으로 주며 거름은 하이포넥스 액비를 묽게 희석하여 엽면과 분토에 월 1~2회 정도 직접 준다.

풍란

햇빛관계 : 반양, 반음 / 내한성 : 약 / 물관리 : 보통 / 비료관리 : 보통

특성과 형태

남서부 해안 바위나 나무에 붙어 자라는 상록성 다년생 식물이다. 잎은 좁고 짧으며 짙은 녹색으로 뒤로 활처럼 굽으며 두 줄로 달리는데 밑 부분이 서로 감싼다. 6~7월경에 잎의 밑 부분에서 꽃대가 나와 3~5송이의 흰 꽃이 피며 향이 매우좋다.

번식법

봄과 가을에 포기 나누기로 번식하며 무균 상태에서 조직 배양으로 번식하고 있다.

분 재배법

분에 재배할 시는 풍란분을 구입하여 분의 기공 부분에 굵은 난석을 깔고 수태로 뿌리를 몇 개만 감싸서 봉을 만들어 보기 좋게 올려 물을 흠뻑주고 반 그늘에서 관리한다.

나무나 돌에 뿌리를 붙여서 이끼를 감싸주어 가꾸면 잘 자라고 해고판에 붙여서 키우기도 한다. 물은 스프레이를 해주고 비료는 하이포넥스 액비를 묽게 타서 한 달에 2~3회 뿌려 준다.

고사리삼

특성과 형태

다년생 양치식물로 햇빛이 잘 드는 숲속 기름진 땅이나 풀밭에서 자란다. 굵은 육질의 뿌리는 사방으로 퍼지고 한 개의 잎이 나와 깃털꼴로 갈라진다. 잎에 털이 없고 두꺼우며 윤채가 난다. 잎자루가 꼿꼿이 서서 30~40cm 높이로 자라지만 잎은 9월부터 이듬해 4월까지 있으나 한여름에는 말라 죽는다. 두 장의 잎처럼 보이는 것은 한쪽은 정상 잎이고 나머지 하나는 포자낭이다.

번식법

가을에 분갈이하면서 포기 나누기를 한다.

분 재배법

분에 재배할 시는 약간 크고 깊은 분을 택하여 가루를 뺀 산모래나 마사토에 부엽토를 30% 정도 혼합해서 심어 주고 햇빛이 잘드는 양지에서 관리한다. 여름철은 반그늘에서 관리하고 물을 좋아하나 과습은 피하는 것이 좋고 거름은 물비료를 월 1회 준다.

넉줄고사리

햇빛 관계 : 호광성 / 내한성 : 강 / 물관리 : 보통 / 비료관리 : 보통

특성과 형태

다년생 식물로 바위나 나무에 붙어서 자란다. 근경에서 나온 잎은 갈색 또는 회갈색 인편으로 덮이며 옆으로 길게 뻗는다. 잎은 드문드문 달리고 잎자루가 길며 깃털꼴겹잎으로 갈라지며 연한 갈색 털이 있다.

번식법

근경을 2~3cm로 잘라 삽목한다.

분 재배법

수반형의 넓은 분에 산모래에 수태물이끼를 잘게 썰어 혼합한 흙에 심어주거나 근경을 돌에 붙여 돌붙임을 해서 가꾸면 좋다.
거름은 하이포넥스 액비를 묽게 타서 엽면이나 분토에 직접 살포한다.

마삭줄

햇빛 관계 : 호광성 / 내한성 : 약 / 물관리 : 좋아함 / 비료관리 : 좋아함

특성과 형태

상록성의 덩굴로 높이가 5m에 달한다. 잎은 계란꼴에 가까운 피침형으로 두텁고 빳빳하다. 윤기가 돌며 가을에 일부의 잎이 붉게 물들어 대단히 아름답다. 희고 작은 꽃이 줄기 끝이나 꼭대기 잎 겨드랑이에 두세 송이 피고 긴 열매를 맺는다. 오래된 줄기가 아니면 좀처럼 꽃이 피지 않는다. 나무이기는 하나 줄기와 가지가 길게 뻗어나가 땅이나 바위를 덮는 모양이 마치 풀과 같다.

번식법

분갈이시 분주를 하거나 덩굴을 몇 마디씩 잘라 삽목을 한다.

분 재배법

일반 정원 등에 지피식물로 심어서 재배하면 잘 자란다.
분에 재배할 시는 산모래나 마사토에 부엽토를 30% 정도 섞은 흙에 심어주고 추녀 끝 같은데 매달아 가꾸는 것이 좋다. 봄 · 가을에는 충분한 햇빛을 쪼여 주고 한 여름에는 반그늘에서 관리한다. 물을 자주 주며 비료는 물비료를 월 1회 정도 준다. 2~3년에 1회 분갈이를 한다.

대반하

햇빛 관계 : 반양 반음 / 내한성 : 강 / 물관리 : 보통 / 비료관리 : 보통

특성과 형태

다년생 식물로 높이 30cm 내외. 잎은 소엽이 3장이고 잎자루가 길며 긴 타원형이다. 꽃은 황백색으로 고깔 같은 포엽에 감싸여 있고 포 끝에는 긴 수염이 있다.

번식법

땅 속의 괴경에서 어린 괴경을 따 2~3년 정도 키우면 개화주가 된다. 가을에 씨를 따 즉시 뿌려도 다음해 봄이면 잘 돋아난다.

분 재배법

성질이 강건한 식물이기에 특별한 토양이나 주위 환경을 가리지 않고 잘 자라므로 재배하기 쉬운 식물이다.

분에 재배할 시는 산모래 50% , 부엽토 50% 로 혼합한 흙에 심고 볕이 잘 드는 곳에서 관리하면 봄에 움이 트고 초여름에 꽃대가 올라온다.

물은 하루 한 번 주고 거름은 깨묵 썩힌 물비료를 월 1~2회 정도 준다. 분갈이는 9~10월에 잎이 진 후나 이른 봄에 실시한다.

◀ 자주천남성

닭의난초

햇빛 관계 : 호광성 / 내한성 : 보통 / 물관리 : 좋아함 / 비료관리 : 좋아함

✚ 특성과 형태

다년생 식물로 높이 50~100cm 내외. 윗부분에서 몇 개의 가지가 갈라지고 전체에 잔털이 있다. 잎은 총생한 것처럼 많고 피침형이며 끝이 뾰족하다. 꽃은 황적색으로 1~5송이가 밑을 향해 달리며 꽃잎 안쪽에 자주색 반점이 있다.

✚ 번식법

포기 나누기를 하는데 뿌리줄기에 3~5촉의 눈을 붙여서 잘라 주어야 한다. 다른 난초과 식물이 다 그렇듯 실생은 대단히 어렵다.

✚ 분 재배법

아주 강인한 식물로서 부엽질과 유기질이 많은 사질토에서 재배한다. 보습성 있는 토양을 좋아하며 햇빛이 잘 드는 장소에서 재배한다. 겨울에 지하부가 얼지 않게 주의한다.

분에 재배할 시는 산모래나 마사토에 부엽토를 30~40 정도 섞은 흙에 심는다. 뿌리에 항상 습기가 유지 되도록 하고 여름철 고온에 약한 편이다. 햇빛을 충분히 쪼여주고 여름에는 통풍이 잘되게 하여 반그늘에서 관리한다.

장구채

햇빛 관계 : 호광성 / 내한성 : 강 / 물관리 : 보통 / 비료관리 : 보통

특성과 형태

전국 각지에서 자라는 2년초로서 높이 30~80cm이고 곧추자라며 털이 없다. 줄기는 녹색 또는 자주빛이 도는 녹색이지만 마디 부분은 흙갈색이다. 잎은 마주나며 난형 또는 넓은 피침형이고 양끝이 좁으며 가장자리에 털이 있고 양면에도 털이 약간 있다. 꽃은 7월에 피며 꽃잎은 백색이고 5장이며 끝이 2갈래로 갈라진다. 전체에 털이 많은 것을 털장구채라 한다.

번식법

포기 나누기로 번식하고 가을에 종자를 채취하여 즉시 파종하면곧 싹이 튼다. 이 싹이 겨울을 나고 이듬해 개화주로 자란다.

분 재배법

분에 재배할 시는 산모래나 마사토에 부엽토를 30~40% 혼합한 흙으로 심어 주고 충분한 햇빛을 쪼여 준다.
물은 보통으로 주고 거름은 봄 · 가을에 물비료를 월 1~2회 준다.

꽃창포

특성과 형태

다년생 식물로 높이 60~120cm로 털이 없으며 가지가 갈라진다. 근경은 갈색 섬유질로 덮여 있으며 꽃은 원줄기 또는 가지 끝에 달리며 적자색이다. 잎이 창포와 비슷하게 생겼고 꽃이 아름답기 때문에 꽃창포라 한다.

번식법

가을 분갈이시 포기 나누기를 하는데 3~5촉의 눈을 한 단위로 해서 뿌리 줄기를 잘라 번식한다. 가을에 채취한 종자를 직파하면 이듬해 봄에 발아한다. 어린 묘는 7~8월 경에 이식한다.

분 재배법

매우 강인한 식물로서 특별한 환경이나 토양에 관계 없이 잘 자란다. 보습성이 좋은 토양에 반 그늘이 최적이지만 척박한 곳이나 비옥한 땅에도 잘 자란다.

분에 재배할 시는 가루를 뺀 산모래나 마사토에 부엽토를 40% 정도 섞은 흙에 심어주어 보습성이 유지 되도록 한다. 키를 키우지 않기 위해 거름을 주지 않는 것이 좋다.

돌창포

햇빛 관계 : 호광성 / 내한성 : 강 / 물관리 : 좋아함 / 비료관리 : 보통

✚ 특성과 형태

다년생 식물로 뿌리줄기는 짧고 잔뿌리가 많다. 잎은 좁고 밑동이 서로 겹쳐지면서 두 줄로 배열되며 활 모양으로 굽는다. 잎의 길이 10cm 내외로 빳빳하며 진한 푸른색이다. 길고 가는 꽃줄기가 자라서 희고 작은 꽃이 모여 핀다. 꽃바위창포라 부르기도 하며 비슷한 종류로 제주에서 자라는 한라돌창포가 있다.

✚ 번식법

3~4월경에 분갈이 때 포기 나누기를 한다.

✚ 분 재배법

돌에 붙여서 석부작을 만들어도 좋다.

분에 재배할 시는 얕은 분이나 수반위에 보습성이 좋은 돌을 놓고 진흙을 이용하여 뿌리를 붙여 심고 가는 마사토를 덮어 준다.

꽃보다는 잎을 감상하기 위해 가꾸는 식물이다.

기린초

햇빛 관계 : 호광성 / 내한성 : 강 / 물관리 : 싫어함 / 비료관리 : 싫어함

특성과 형태

다년생 식물로 높이 30cm 내외. 줄기는 꼿꼿이 서고 다갈색이며 여러 줄기가 뭉쳐서 돋아난다. 잎은 어긋 달리고 다육질이며 긴 타원형이다. 가장자리에 둔한 톱니가 있다. 작은 꽃은 황색으로 줄기 끝에서 위로 보고 핀다.

번식법

분갈이시 포기 나누기를 하거나 꺾꽂이 또는 파종으로 증식한다.

분 재배법

아주 강인한 식물로 토양조건을 가리지 않으나 배수성과 통기성이좋은 사질토에 심는 것이 안전하다. 물은 자주 주지 말고 건조하게 재배하고 음지는 피하는 것이 좋다.

분에 재배할 시는 작은 분이나 수반형 분에 산모래나 부엽질을 혼합하여 심어주거나 작은 돌 위에 붙여 심어도 잘 자란다. 햇빛을 충분히 쪼여 주고 물은 자주 주지말 것이며, 비료는 가끔 물비료를 준다.

노루오줌

햇빛 관계 : 호광성 / 내한성 : 강 / 물관리 : 좋아함 / 비료관리 : 좋아함

특성과 형태

다년생 식물로 높이 60cm 내외이며 줄기가 꼿꼿이 선다. 전체에 갈색 털이 있고 잎은 3장씩 2~3회 갈라지는 깃털꼴겹잎이다. 꽃은 연분홍색으로 원줄기 끝에 많이 모여서 원뿔꽃 차례를 이룬다. 비슷한 종류로 흰노루오줌 · 숙은노루오줌 · 둥근노루오줌 등이 있다.

번식법

봄과 가을에 분갈이시 포기 나누기를 하여 번식시킨다. 10월 경 종자를 채취하여 묘판에 파종하면 이듬해 봄에 발아한다.

분 재배법

노지 재배시는 부엽질과 유기질이 풍부하고 보습성이 좋은 토양에 심어 햇빛이 잘 드는 장소에서 관리한다.

분에 재배할 시는 가루를 뺀 산모래나 마사토에 부엽토를 40% 정도 혼합해서 심는다. 물은 하루 한 번 주고 거름은 물비료를 월 2~3회 정도 준다.

솔나리

햇빛 관계 : 반음 / 내한성 : 강 / 물관리 : 보통 / 비료관리 : 보통

특성과 형태

다년생 식물로 높이 70cm 내외이며 잎의 생김새가 솔잎처럼 가늘어서 붙여진 이름이다. 잎은 총생한 것처럼 조밀하게 붙고 끝이 뾰족하다. 꽃은 분홍색으로 밑을 향해 달리며 안쪽에 자주색 반점이 있고 끝이 뒤로 말린다. 더위에 약한 편이다.

번식법

3~4월경 분갈이할 때 인편을 떼어 삽수로 하거나 종자를 채취하여 직파 후 이듬해 발아하면 파종상에서 그대로 겨울을 지내도록 한다. 다음해 옮겨 심고 잘 관리하면 꽃을 볼 수 있다.

분 재배법

반그늘 지고 물 빠짐이 좋은 사질토에 약간의 부엽토를 섞어서 재배한다. 바람이 잘 통하는 장소면 더욱 좋다.

분에 재배할 시는 가루를 뺀 산모래나 마사토에 부엽토를 반만 섞은 흙에 심고 반그늘에서 관리한다. 거름은 한 달에 1회 정도 깨묵 썩힌 물비료를 준다. 물은 보통 정도로 주며 기르기가 조금 까다로운 식물이다.

섬말나리

특성과 형태

다년생 식물로 높이 50~100cm 내외이다. 울릉도 성인봉이 원산지이며, 줄기는 2~3층의 윤생엽과 호생엽이 달린다. 꽃은 붉은빛이 도는 황색으로 4~10송이가 밑을 향해 달린다. 꽃잎 안쪽에 흑자색 반점이 있다. 자생 나리류 가운데 가장 일찍 개화하는 품종이다. 더위에 약한 편이다.

번식법

자생 나리류 중에서 번식이 비교적 까다로운 종으로 인편을 이용하여 증식할 수 있다.

분 재배법

배수성과 보수성이 좋고 물빠짐이 좋은 사질토에 잘 자란다. 부엽질이 많이 함유된 반 그늘진 곳에서 재배한다.

분에 재배할 시는 가루를 뺀 산모래나 마사토에 부엽토를 30~40% 정도 섞어서 심는다. 통풍이 잘 되는 반그늘에 둔다. 물은 하루 1번 주고 거름은 물비료를 월 2~3회 준다.

섬말나리와 지리대사초의 합식 _ 환경부 보호 식물 12호 (멸종 위기종)

털중나리

햇빛 관계 : 호광성 / 내한성 : 강 / 물관리 : 싫어함 / 비료관리 : 보통

특성과 형태

다년생 식물로 높이 50~100cm 내외. 윗부분에서 몇 개의 가지가 갈라지고 전체에 잔털이 있다. 잎은 총생한 것처럼 많고 피침형이며 끝이 뾰족하다. 꽃은 황적색으로 1~5송이가 밑을 향해 달리고 꽃잎 안쪽에 자주색 반점이 있다.

번식법

분갈이시 인편을 떼어서 삽수로 쓰고 종자를 채취하여 곧바로 파종하면 이듬해 봄에 발아한다. 어린 묘는 묘상에서 1년을 키워 이식하면 개화주가 된다.

분 재배법

자생종 나리류 중에서 비교적 강인한 식물로 약간 건조하고 배수성이 좋은 사질 토양을 좋아한다. 부엽질이 함유된 곳에 심고 햇빛이 잘 드는 곳이나 반 그늘진 장소에서 재배한다.

분에 재배할 시는 좀 크고 깊은 분을 택하여 가루를 뺀 산모래나 마사토에 부엽토를 50% 정도 섞은 흙에 심는다. 물은 싫어하는 편이므로 너무 많이 주지 말며 거름은 보통으로 준다.

참나리 ▶

뻐꾹나리

햇빛 관계 : 반양, 반음 / 내한성 : 강 / 물관리 : 좋아함 / 비료관리 : 비옥토

특성과 형태

다년생 식물로 높이 50cm 내외. 잎은 어긋나고 넓은 타원형이며 끝이 뾰족하다. 꽃은 흰색에 가까운 연한 자주색이며 꽃자루에 짧은 털이 있다. 뒤로 젖혀진 꽃잎에 많은 점이 있다. 한국 특산 식물이며 꽃이 필 때 잎이 타는 경우가 많다.

번식법

가을 분갈이 때 포기 나누기를 하면 잘 자라고 증식시킬 수도 있다. 10월경에 종자를 채취하여 직파하면 90% 정도 발아한다.

분 재배법

반 그늘지고 부엽질과 유기질이 충분한 곳에 심는다. 비옥하면서도 배수성이 좋고 통풍이 잘 되는 곳이 좋다.

분에 재배할 시는 가루를 뺀 산모래나 마사토를 사용해서 배수가 잘 되도록 한다. 원래 비옥한 토질을 좋아하나 척박한 땅에서도 잘자라며 반그늘에서 관리한다. 거름은 유박이나 물비료를 월 2~3회 준다. 물은 보통으로 준다.

하늘말나리

햇빛 관계 : 반양, 반음 / 내한성 : 강 / 물관리 : 좋아함 / 비료관리 : 좋아함

특성과 형태

다년생 식물로 높이 50~100cm 내외. 윗부분에서 몇 개의 가지가 갈라지며 전체에 잔털이 있고 총생엽은 끝이 뾰족하다. 꽃은 황적색으로 1~5송이가 하늘을 향해 피며 안쪽에 자주색 반점이 많다.

번식법

봄철 인편을 떼어서 삽수로 쓰면 이듬해 작은 묘를 얻을 수 있다. 2년을 길러야 개화주가 된다.

분 재배법

물 빠짐이 좋은 사질 토양에 충분한 부엽토를 섞어 심는다. 반 그늘진 장소에서 재배하며 여름철 고온에 주의한다.

분에 재배할 시는 좀 크고 깊은 분이 안전하다. 산모래나 마사토에 부엽토를 50% 정도 섞은 흙에 심어 주고 반그늘에서 관리한다. 물은 좋아하므로 수분공급을 충분히 해 주고 거름으로 물비료를 월 1~2회 정도 준다.

큰방울새난

햇빛 관계 : 반양 반음 / 내한성 : 강 / 물관리 : 보통 / 비료관리 : 보통

특성과 형태

다년생 식물로 습지에서 자란다. 높이 15cm 내외로 굵은 뿌리가 옆으로 퍼진다. 잎이 원줄기 중앙에 1장씩 달리는데 선상 긴 타원형으로 끝이 둔하다. 밑 부분이 좁아져 원줄기에 붙고 날개처럼 흐른다. 꽃은 줄기 끝에 한 송이만 피는데 유백색 바탕에 연한 홍자색이다.

번식법

분갈이 때 포기 나누기로 번식시킨다.

분 재배법

보습성이 충분한 반 그늘진 장소로 부엽질이 많은 땅에서 재배한다. 원래 습지성 식물이다.

분에 재배할 시는 수반형이나 얕은 분에 산모래나 마사토에 수태물이끼를 잘게 잘라서 혼합하거나 부엽토를 20% 정도 혼합한 흙에 심는다. 물을 충분히 주고 거름은 하이포넥스 액비를 묽게 희석하여 월 1~2회 정도 엽면이나 분토에 살포한다.

연잎꿩의다리

햇빛 관계 : 호광성 / 내한성 : 강 / 물관리 : 보통 / 비료관리 : 보통

특성과 형태

다년생 식물로 북부 지방 숲에서 자란다. 높이 20cm 내외. 잎자루가 길고 1~2회 갈라진 깃털꽃겹잎이다. 소엽은 둥글고 밑에서부터 약간 올라가서 달리므로 방패 같고 연잎같이 생겼다.

꽃은 연한 자주색 또는 연한 분홍색으로 원줄기와 가지 끝에 달린다.

번식법

봄과 가을에 분갈이를 하면서 포기 나누기를 한다.

분 재배법

양지바르고 보습성이 좋은 사질 토양으로 부엽질이 충분히 섞인 곳에 심어 재배한다.

분에 재배할 시는 산모래나 마사토에 부엽토를 20% 정도 섞은 흙에 심어 물빠짐을 좋게한다. 물은 보통으로 주며 거름은 봄 · 가을에 유박이나 물비료를 월 1회 정도 준다. 햇빛을 충분히 쪼여주며 분갈이는 2년 1회씩 하는 것이 좋다.

좀꿩의다리

햇빛 관계 : 호광성 / 내한성 : 강 / 물관리 : 보통 / 비료관리 : 보통

특성과 형태

다년생 식물로 북부 지방에서 자란다. 높이 20cm 내외. 잎은 잎줄기가 길고 1~2회 깃털꼴겹잎이다. 소엽은 둥글고 밑에서부터 약간 올라가서 작은 잎이 달린다. 꽃은 연한 자주색 또는 연한 분홍색으로 원줄기와 가지에 달린다.

번식법

봄과 가을 분갈이 때 포기 나누기로 번식한다. 씨를 뿌리면 잘 발아한다.

분 재배법

양지바르고 보습성이 좋은 사질 토양에 부엽질을 충분히 섞어 심는다.
분에 재배할 시는 산모래나 마사토에 부엽토를 20% 정도 섞은 흙에 심는다. 물빠짐을 좋게 해야 하며 물은 보통으로 주고 거름은 봄 · 가을에 유박이나 물비료를 월 1회 정도 준다. 햇빛을 충분히 쪼여 주어야 하며 분갈이 2년에 1회 것이 좋다.

달맞이꽃

햇빛 관계 : 호광성 / 내한성 : 강 / 물관리 : 보통 / 비료관리 : 보통

특성과 형태

남아메리카 칠레가 원산지인 2년생 식물로 높이 50~90cm 내외의 귀화 식물이다. 굵고 곧은 뿌리에서 1개의 줄기가 곧추자란다. 줄기 잎은 서로 마주나며 선상 피침형으로 끝이 뾰족하며 가장자리에 톱니가 있다. 꽃은 황색으로 원줄기 끝에 여러 송이가 달리고 저녁에는 황색으로 피었다가 아침이면 시들고 약간 붉은빛으로 변한다. 꽃잎은 4장이다.

번식법

늦여름에 종자가 익으면 채취하여 즉시 뿌린다. 싹이 돋으면 지면에 로제트형으로 깔려 겨울을 나고 이듬해 봄 줄기가 자라 여름에 노란꽃이 핀다.

분 재배법

매우 강인한 식물이기에 토양과 환경을 가리지 않고 잘 자란다. 일반 화단에서 쉽게 기를 수 있다.

분에 재배할 시는 산모래나 마사토에 부엽토를 잘 섞은 흙에 심고 햇빛을 충분히 쪼여 주고 매일 물을 흠뻑 주며 거름은 물비료를 준다.

꿩의비름

햇빛 관계 : 호광성 / 내한성 : 강 / 물관리 : 주지않음(내건성) / 비료관리 : 척박한 땅

특성과 형태

다년생 식물로 다육질의 잎을 하고 있다. 높이가 30~50cm 내외. 줄기는 보라색을 띤 녹색으로 속이 비어 있고 잎은 타원형이며 가장자리에 톱니가 있다. 꽃 줄기 끝에 연한 분홍색의 작은 꽃이 모여서 핀다.

번식법

분갈이 때 포기 나누기를 하여 증식시킨다. 늦가을 종자를 채취하여 직파한다. 이듬해 봄에 발아한 묘는 그 자리에서 1년 동안 키운 다음 이식한다. 줄기를 잘라 모래에 꽂으면 쉽게 뿌리를 내린다.

분 재배법

강인한 식물이라 주위 환경과 토양을 가리지 않고 잘 자라지만 충분한 햇빛을 쪼여 주고 물과 거름은 되도록 피하고 가끔 물비료를 조금씩 준다. 물을 많이 주면 잎이 썩는 수가 있다.

분에 재배할 시는 가루를 뺀 산모래나 마사토에 심고 배수처리에 신경을 써야 한다.

둥근잎꿩의비름

햇빛 관계 : 호광성 / 내한성 : 강 / 물관리 : 싫어함 / 비료관리 : 싫어함

✚ 특성과 형태

다년생의 한국 특산 식물이다. 높이 15~25cm 내외이며 경북의 주왕산을 비롯하여 태백산맥 중부 지역에 자생한다. 몇 개의 굵은 뿌리가 있고 줄기는 밑으로 처지며 붉은빛이 돈다. 잎은 마주나고 타원형이며 짙은 자홍색 꽃이 원줄기 끝과 잎 겨드랑이에 둥글게 뭉쳐 달린다. 건조에 비교적 강한 식물이다.

✚ 번식법

늦가을에 종자를 채취하며 직파하면 이듬해 봄에 발아한다. 발아한 묘종은 5월에 양지쪽에 이식해 주면 당년에 꽃을 볼 수 있다. 겨울철만 제외하면 연중 삽목이 잘 된다.

✚ 분 재배법

일반 노지 재배의 경우 햇빛이 잘 들고 배수가 잘 되는 사질 토양에 심고 물과 시비는 별도로 하지 않는 것이 좋다.

분에 재배할 시는 가루를 뺀 산모래나 마사토에 심어서 물빠짐을 좋게하고 햇빛이 잘 드는 장소에서 관리 한다. 물은 분토가 너무 마르지 않게 가끔 주며 시비는 삼가해야 한다.

진범

햇빛 관계 : 음지 / 내한성 : 강 / 물관리 : 보 통/ 비료관리 : 보통

특성과 형태

다년생 식물로서 높이 30~80cm에 이르고 산지의 숲속 그늘에서 반 덩굴성으로 자란다. 약간 굵고 뾰족한 뿌리는 땅 속 깊이 들어 있고 기부에서 많은 근생엽이 돋아난다. 이 근생엽은 잎자루가 있고 5개로 크게 갈라진 원형이다. 가장자리에 불규칙한 톱니가 있고 짧은 털이 있다.

줄기에 어긋 달리는 잎은 밑에서는 크고 잎자루도 길지만 위로 올라가면서 점점 작아지고 잎자루도 짧다. 비스듬히 또는 곧추선 줄기 끝에 연한 자주색 꽃이 달린다.

번식법

분갈이하면서 포기 나누기를 하고 늦가을에 채취한 종자를 직파하면 이듬해 봄에 발아한다.

분 재배법

반 그늘지고 부엽질이 좀 많은 토양에서 재배한다.

분에 재배할 시는 산모래나 마사토에 부엽토를 30% 정도 혼합한 흙에 심어주고 반음지에서 관리하며 물과 거름은 보통으로 준다.

도라지

햇빛 관계 : 호광성 / 내한성 : 강 / 물관리 : 보통 / 비료관리 : 보통

특성과 형태

다년생 식물로 볕이 잘 드는 풀밭에서 자란다. 높이 50~80cm 내외. 뿌리에서 2~3개의 줄기가 곧추서며 잎은 2장이 마주 붙거나 3~4장이 돌려나기로 붙는다. 어떤 것은 어긋 달리기도 한다. 잎은 줄기에 바로 붙고 가장자리에 톱니가 있다.

꽃은 줄기 끝에 나팔 모양을 한 5장의 꽃잎이 반쯤 갈라지며 짙은 보라색을 띤 청색이다. 흰색 꽃이 피는 것은 백도라지라 한다.

번식법

10월경에 종자를 채취하여 직파한다. 이른 봄에 발아 한 묘를 이식하면 된다.

분 재배법

토질을 별로 가리지 않는 강한 식물로서 일반 화단이나 밭에 심어도 잘 자란다.

분에 재배할 시는 산모래나 마사토에 30% 정도 부엽토를 혼합해서 물빠짐을 좋게 한다. 어린 묘를 이식할 때 직근의 끝을 약간 잘라주면 실뿌리가 많이 생긴다.

술패랭이꽃

햇빛 관계 : 호광성 / 내한성 : 강 / 물관리 : 보통 / 비료관리 : 보통

특성과 형태

다년생 식물로 높이 50~100cm 내외이다. 줄기는 가늘고 피침형의 작은 잎이 마주난다. 꽃은 분홍색 또는 홍색으로 5장의 꽃잎으로 이루어지며 끝이 가늘게 갈라진다. 비슷한 종류로 섬패랭이 · 갯패랭이 등이 있고 북한 고산 지대에 사는 구름패랭이, 수염패랭이, 장백패랭이가 있다.

번식법

분갈이시 포기 나누기를 한다. 꺾꽂이는 줄기에 붙은 가지나 어린 싹을 잘라 모래에 꽂으면 뿌리를 내린다. 씨앗으로도 번식이 잘 된다.

분 재배법

햇빛이 잘 들고 조금 척박한 곳으로 물 빠짐이 좋은 사질토양에서 재배한다. 매우 강인한 식물로 재배가 쉬운 식물이다.

분에 재배할 시는 가루를 뺀 산모래나 마사토에 부엽을 20% 정도 혼합한 흙에 심는다. 물을 자주 주지 말고 햇빛이 잘 드는 곳에서 관리하며 거름은 물비료를 월 1~2회 준다.

우산나물

햇빛 관계 : 반양 반음 / 내한성 : 강 / 물관리 : 보통 / 비료관리 : 보통

특성과 형태

다년생 식물로 높이 50~120cm 내외. 어린 잎은 마치 찢어진 우산을 반 접어 놓은 듯한 모양이어서 붙여진 이름이다. 성숙한 잎은 여러 갈래로 갈라진다. 꽃은 줄기 끝에 여러 송이가 피는데 연분홍 또는 흰색이다.

번식법

봄과 가을에 포기를 나누어 증식시키고 9월에 종자를 채취하여 파종하면 이듬해 봄에 발아한다.

분 재배법

매우 강인한 식물로서 반 그늘지고 보습성이 좋으며 비옥한 땅에 심어 재배한다. 강한 햇빛이나 좀 척박한 토양에서도 재배가 가능하다.
분에 재배할 시는 얕은 분에 산모래나 마사토와 20~30%의 부엽토를 섞은 흙에 되도록 얕게 심어 준다. 거름은 월 1회 물비료를 주고 물은 보통으로 주며 반그늘에서 관리한다.

무릇

햇빛 관계 : 호광성 / 내한성 : 강 / 물관리 : 보통 / 비료관리 : 보통

특성과 형태

다년생 식물로 전국의 길가나 밭둑, 풀밭에서 자란다. 지하에 깊이 묻혀 있는 인경은 마늘쪽같이 생겼다. 약간의 독성이 있어서 아린 맛이 있으나 충분히 우려낸 인경은 단맛이 나기에 삶아서 먹기도 한다. 잎은 이른 봄에 일찍 돋아나고 부추처럼 좀 두껍다. 잎 사이에서 30~40cm 높이의 꽃대가 올라와 그 끝에서 연한 보라빛 꽃이 이삭 모양으로 많이 달린다.
인경을 오래도록 삶아 졸이면 엿같이 되며 전분이 많다. 백색 꽃이 피는 것을 흰무릇이라 한다.

번식법

분갈이할 때 늘어난 구근을 나누어 심는다. 종자를 뿌리면 봄에 싹이 튼다.

분 재배법

노지에서는 어떤 장소와 토양에도 구애받지 않고 잘 자란다.
분에 재배할 시는 산모래나 부엽토를 30% 정도 혼합하여 사용하며 분의 깊이가 좀 큰 것을 선택하는 것이 좋다. 물은 보통으로 주고 거름은 깨묵 썩힌 물을 월 1~2회 준다. 뿌리가 무성하게 잘 자라므로 2년에 1회씩 분갈이를 하면서 3분의 1 정도 잘라 주는 것이 좋다.

일월비비추

햇빛 관계 : 반양, 반음 / 내한성 : 강 / 물관리 : 보통 / 비료관리 : 보통

특성과 형태

다년생 식물로 전국 각지의 산지 풀밭에서 자란다. 넓은 잎은 뿌리에서 모여 돋아나고 긴 잎자루가 있다. 꽃은 뿌리에서 돋아난 꽃대 윗부분에서 한쪽 방향으로 뭉쳐서 핀다. 꽃은 나팔 모양이고 끝에서 6개로 갈라지며 끝이 뾰족하다. 잎이나 꽃의 모양이 중국이 원산지인 옥잠화와 비슷하나 꽃이 보다 작고 한쪽 방향으로 치우쳐 피는 것이 다르다. 개화 기간이 길며 꽃이 흰색인 것을 흰일월비비추라고 한다.

번식법

매우 강건한 식물로서 언제든지 포기나누기로 번식이 가능하며 9~10월경에 채취한 종자를 직파하면 이듬해 봄에 발아한다.

분 재배법

강한 광선이나 반 그늘에서도 잘 자란다. 약간 보습성이 있고 반 그늘진 장소에 재배하는 것이 좋다. 여름철 고온에 주의한다.

분에 재배할 시는 좀 크고 깊은 분을 선택하며 물빠짐이 좋고 척박한 토질에 심는 것이 좋다. 가루를 뺀 산모래나 마사토로 심어주고 반 그늘진 곳에서 관리한다.

비비추(분홍)

햇빛 관계 : 반양, 반음 / 내한성 : 강 / 물관리 : 보통 / 비료관리 : 보통

특성과 형태

다년생 식물로 잎은 계란꼴로 넓으며 끝이 뾰족하다. 잎이 뿌리에 많이 모여서 돋아나고, 꽃줄기가 자라 여러 송이의 꽃이 아래로부터 차례로 핀다. 꽃은 연보라색 또는 흰색으로 같은 방향으로 치우쳐 핀다.

번식법

분갈이시 포기 나누기를 하면 쉽게 번식되고 씨뿌림은 9~10월경에 종자를 채취하여 직파한다. 이듬해 봄에 발아한 묘는 본잎이 2~3장 나왔을 때 이식한다.

분 재배법

비교적 강인한 식물로 특별한 환경과 토양은 가리지 않는다. 물 빠짐이 좋은 사질 양토에서 재배한다. 강한 햇빛이나 반음지에서도 잘 자란다.

분에 재배할 시는 좀 크고 깊은 분을 택하여 가루를 뺀 산모래나 마사토를 사용해서 심는다. 햇빛을 충분히 쪼여 주고 물은 보통으로 주며 거름을 좋아하므로 월 2~3회 정도 유박이나 물비료를 준다.

터리풀

햇빛 관계 : 호광성 / 내한성 : 강 / 물관리 : 보통 / 비료관리 : 보통

특성과 형태

다년생 식물로 높이 1m 정도로 자라고 줄기에 달린 잎은 다섯 갈래로 갈라진다. 손바닥꼴의 넓은 잎은 가장자리에 톱니가 있다. 원줄기와 가지 끝에 작은 흰색 또는 연한 분홍색 꽃이 뭉쳐서 핀다.

번식법

분갈이시 포기 나누기로 번식한다.

분 재배법

강인한 식물이기에 어떤 토양도 가리지 않고 잘 자라므로 키우기가 매우 쉽다. 부엽질이 적당하고 보습성이 있는 토양으로 반 그늘진 곳을 골라 심는다.

분에 재배할 시는 산모래나 마사토에 부엽토를 30% 정도 혼합하여 심는다. 습도를 좋아하므로 하루 한 번 물을 주고 거름은 물비료를 월 2~3회 정도 준다.

좀양지꽃

햇빛 관계 : 호광성 / 내한성 : 강 / 물관리 : 좋아함 / 비료관리 : 척박한 곳

특성과 형태

다년생 식물로 양지꽃과 비슷하나 양지꽃은 들판의 풀밭에서 자라지만 좀양지꽃은 고산 지대의 바위 틈에서 자라고 긴 생장 줄기가 반 덩굴성으로 뻗어나간다. 고산 식물의 특징을 갖고 있어서 몸집에 비해 꽃이 크다. 잎은 3장의 소엽이 모여 한 장의 잎을 이루고 가장자리에 톱니가 있으며 약간의 털이 있다. 잎 사이에서 짧은 꽃자루가 자라 두세 송이의 노란꽃이 핀다.

번식법

가을에 분갈이를 하면서 포기 나누기로 번식시킨다. 이때 생장 줄기의 마디를 하나씩 예리한 칼로 잘라 심는다.

분 재배법

반 그늘지고 비옥한 땅이나 좀 척박한 땅에서도 잘 자란다. 재배가 쉬운 식물로 정원이나 화단에서 쉽게 기를 수 있다.

분에 재배할 시는 산모래나 마사토에 심어서 물빠짐을 좋게 한다. 거름은 깨묵을 분에 올려두거나 썩힌 물을 주고, 햇빛이 잘 조이도록 관리한다. 뿌리가 매우 무성하게 자라므로 꽃이 진 다음 분갈이를 한다.

산솜방망이

특성과 형태

다년생 식물로 높이가 20~50cm 내외로 고산 지대의 초원에서 자란다. 줄기는 골이 졌고 솜털이 있으며 가지가 위쪽에서 갈라진다. 잎은 서로 어긋나게 나오며 꽃이 필 때 근생엽은 말라 없어진다. 꽃은 적황색으로 줄기 끝에 달린다. 비슷한 종류로 민솜방망이가 있다.

번식법

봄과 가을에 포기 나누기를 하여 번식하고 10월경에 종자를 채취하여 직파하면 이듬해 봄에 발아한다.

분 재배법

부엽질과 유기질이 풍부한 토양으로 햇빛이 잘 드는 곳에 식재한다. 여름철 고온에 약하므로 통풍이 잘 되게 한다. 왜성종은 환경에 적응하는 힘이 아주 강하여 재배 조건에 별 영향을 받지 않는다.

분에 재배할 시는 가루를 뺀 산모래나 마사토에 20~30%의 부엽토를 섞은 흙에 심어 주고 양지 바른 곳에서 관리한다. 물과 거름을 좋아하나 너무 비옥하게 하면 도장되어 좋지 않으므로 조절해 주고 반그늘에서 관리한다.

미역취

특성과 형태

다년생 식물로 전국의 산지 초원에서 자란다. 높이 35~80cm로 자라며 뿌리에서 많은 근생엽이 돋아나며 그 사이에서 몇 개의 꽃대가 올라온다. 줄기는 곧추서고 꽃은 줄기 상부에 많이 핀다. 줄기에 어긋 붙은 잎은 위로 올라갈수록 작아지며 표면에 약간 털이 있고 가장자리에 톱니가 있다.

번식법

분갈이시 포기 나누기를 하여 번식하고 10월경에 종자를 채취하여 직파하면 이듬해 봄에 발아한다. 꺾꽂이로도 잘 번식된다.

분 재배법

대단히 강한 식물이기에 어떤 척박한 토양이나 악조건에서도 쉽게 재배할 수 있으나 빛이 좋은 장소가 적당하다.
분에 재배할 시는 마사토나 산모래를 사용하고 비료는 가급적 피하는 것이 좋다.

옥잠화

햇빛 관계 : 호광성 / 내한성 : 강 / 물관리 : 보통 / 비료관리 : 보통

특성과 형태

중국이 원산지인 원예품종으로 널리 재배하고 있는 다년생 식물이다. 엽병이 길며 난상원형인 잎은 끝이 갑자기 뾰족해지고 가장자리는 파상으로서 8~9쌍의 맥이 있고 밋밋하다. 꽃은 백색으로 줄기 끝이 한쪽으로 치우쳐 달리며 비슷한 야생종으로는 일월비비추가 있다. 향기가 매우 좋은 식물이다.

번식법

포기 나누기에 의해서 번식하고 실생은 가을에 종자를 채취하여 직파하면 이듬해 봄에 발아한다.

분 재배법

강인한 식물로서 주의 환경과 특별한 토질을 가리지 않고 잘 자란다. 양지 바른 일반 밭흙에 심어도 재배가 쉽다.

분에 재배할 시는 산모래나 마사토에 부엽질을 약 20% 정도 섞은 흙에 심어주고 특별히 시비를 하지 않아도 되며 물은 보통으로 준다. 재배가 아주 쉬운 식물이다.

층꽃나무

햇빛 관계 : 호광성 / 내한성 : 강 / 물관리 : 싫어함 / 비료관리 : 싫어함(척박한 땅)

특성과 형태

반초본성 목본으로 높이 30~60cm 내외. 윗부분의 잔가지는 겨울 동안 말라죽고 뿌리 부분의 가지가 살아남아 봄에 새싹이 자란다.
당년에 자란 가지는 털이 밀생하고 잎은 마주나며 긴 타원형이다. 잎 끝이 날카롭고 가장자리에 톱니가 있다. 꽃은 짙은 보라색으로 윗부분 잎 겨드랑이에 많이 달려서 계단식으로 보이기 때문에 층꽃나무라고 부른다.

번식법

분갈이시 포기 나누기로 번식하며 가을에 종자를 채취하여 곧바로 파종한다. 이듬해 봄에 발아한 묘를 5~6월 경 이식하면 당년에 꽃을 볼 수 있다.

분 재배법

성질이 강인한 식물이기에 어떤 환경과 토양에서도 잘 자라며 기르기 쉬운 식물이지만 비옥한 곳은 피하는 것이 좋다.
분에 재배할 시는 가루를 뺀 산모래나 마사토를 사용하여 심어준다.
배수처리에 신경을 쓰고 햇빛을 충분히 쪼여서 도장을 막고 거름은 주지 않는다.

잔대

햇빛 관계 : 호광성 / 내한성 : 강 / 물관리 : 좋아함 / 비료관리 : 보통

특성과 형태

다년생 식물로 높이 60~100cm 내외. 뿌리가 굵고 전체에 잔털이 있다. 근생엽은 줄기가 길며 꽃이 필 무렵 없어지고 경생엽은 4~5장으로 둘러 나는데 긴 타원형에 잔톱니가 있다. 연보라색 종 모양의 꽃이 밑을 향해 달리는데 꽃잎 끝은 5갈래로 갈라진다.

번식법

봄에 분갈이를 하면서 포기 나누기로 번식시키고 가을에 채취한 종자를 즉시 채파하여 이듬해 봄에 발아한 묘를 이식한다.

분 재배법

강인한 식물로 토양이나 주위 환경은 가리지 않는 편이다. 물 빠짐이 좋은 사질토로 부엽질이 풍부한 곳에 심는다.

분에 재배할 시는 산모래나 마사토에 부엽토를 반반으로 혼합한 흙에 심어주고 봄·가을에 물비료를 월 1~2회 정도 준다. 강인한 식물로서 기르기가 비교적 쉬운 식물이다.

산꼬리풀

특성과 형태

다년생 식물로 높이 40~80cm 내외로 산지의 초원에서 자란다. 줄기 위쪽에서 약간의 가지가 갈라지며 전체에 털이 밀생한다. 잎은 대생하고 잎자루가 없으며 좁은 난형이고 끝이 뾰족하다. 꽃은 암자색으로 원줄기와 가지 끝에 이삭 모양으로 달리며 연한 털이 있다.

번식법

포기 나누기로 증식하고 가을에 채종하여 봄에 파종해도 쉽게 발아한다.

분 재배법

강인한 식물이어서 환경과 토양을 가리지 않고 잘 자라지만 노지 재배의 경우 보습성과 부엽질이 풍부한 장소를 택해 반 그늘에서 재배한다.
분에 재배할 시는 가루를 뺀 산모래나 마사토에 20~30%의 부엽토를 섞은 흙에 심는다. 물은 오후에 한 번 주고 거름은 하이포넥스 액비를 묽게 타서 엽면과 분토에 한 달에 1~2회 준다. 충분한 햇빛을 쪼여주고 통풍이 잘 되게 관리하면 도장을 피할 수 있다.

바위채송화

특성과 형태

다년생 식물로 높이 10cm 내외. 줄기가 옆으로 뻗으며 윗부분이 가지와 더불어 곧게 서고 밑 부분의 줄기는 갈색이 돈다. 잎은 어긋나고 다육질이며 선형 또는 피침형이다. 꽃은 황색으로 가지 끝에 모여 피는데 꽃잎은 5장이며 끝이 뾰족하다.

번식법

줄기를 잘라서 삽목하고 물만 주면 발근이 잘 된다. 종자를 받아 말리지 말고 즉시 뿌리면 쉽게 싹이 튼다.

분 재배법

내건성의 식물로 습기에 약하므로 여름철 고온 다습하면 마디가 길어지고 아래쪽 잎이 떨어진다. 오전에 햇빛을 쪼이고 오후는 반 그늘진 장소에서 재배한다.

분에 재배할 시는 가루를 뺀 산모래나 마사토에 부엽토를 조금 혼합하여 삭제하고 비료는 되도록 피한다. 분토가 마른 후에 관수한다.

왜솜다리

햇빛 관계 : 호광성 / 내한성 : 강 / 물관리 : 보통 / 비료관리 : 척박한 땅

특성과 형태

다년생 식물로 소백산 이북의 고산 지대에서 자란다. 높이 25~55cm 내외로 뿌리에서 여러 대의 줄기가 나와 상단부에서 가지를 쳐 꽃을 피운다. 한가운데 둥글고 노랗게 뭉쳐 있는 것이 꽃이다. 그 주위에 흰 솜털에 덮힌 꽃받침 잎이 둥글게 배열되어 꽃잎처럼 보인다. 식물 전체에 흰 털이 있다. 알프스의 에델바이스와 같은 속 식물이다.

번식법

분갈이시 포기 나누기로 증식하고 10월 경에 종자를 채취하여 곧바로 직파하면 이듬해 봄에 발아한다. 여름철 줄기를 삽목하면 뿌리를 내린다.

분 재배법

바람이 잘 통하는 반 그늘진 장소를 골라 약간 건조한 토양에서 재배한다. 특히 장마철에 너무 과습하면 줄기가 썩는 경우가 있고 여름철 고온에 주의하여야 한다.

분에 재배할 시는 가루를 뺀 산모래나 마사토를 사용하되 부엽토를 약 20% 정도 섞어서 식재한다. 햇빛을 쪼여주고 물은 자주 주지 말고 거름은 하이포넥스 액비를 1~2회 정도엽면과 분토에 직접 준다.

등골나물

햇빛 관계 : 호광성 / 내한성 : 강 / 물관리 : 보통 / 비료관리 : 보통

특성과 형태

다년생 식물로 높이 1m 내외. 곧추서는 줄기에 잎이 마주달리며 타원형으로 가장자리에 톱니가 있다. 꽃이 필 때쯤 근생엽은 말라 죽고 줄기의 잎은 크지만 위로 올라가면서 작아진다. 윗쪽 잎겨드랑이 에서 작은 가지가 갈라지고 원줄기와 가지 끝에 흰색의 꽃이 뭉쳐서 핀다. 비슷한 종류로 향등골나물이 있다. 꽃이 피면 향나무 향기와 비슷한 향이 난다.

번식법

주로 분갈이할 때 포기 나누기로 번식한다. 씨앗을 파종해도 쉽게 싹을 틔울 수 있다.

분 재배법

반 그늘지고 다소 건조한 토양에 심는다. 햇빛을 잘 들게 하고 척박한 토양에서도 잘 견딘다. 정원이나 화단에서 재배가 가능하다.
분에 재배할 시는 약간 크고 깊은 분을 택한다. 가루를 뺀 산모래나 마사토에 20~30% 의 부엽토를 섞은 흙에 심는다. 햇빛을 잘 들게 하여 도장을 막아주고 물은 자주 주지 말며 분토가 약간 마른 상태가 좋다. 거름은 월 1회 정도 물비료를 준다.

더덕

햇빛 관계 : 반양, 반음 / 내한성 : 강 / 물관리 : 보통 / 비료관리 : 좋아함

특성과 형태

덩굴성의 다년생 식물로 뿌리가 굵으며 덩굴 길이가 2m 내외이다.줄기를 자르면 유액이 나온다. 잎은 어긋나고 짧은 가지에 4장의 잎이 서로 십자형으로 돌려난다. 꽃은 녹색이고 가지 끝에서 밑을 향하여 종모양으로 달린다. 꽃잎 끝이 5장으로 갈라지고 뒤로 말리며 겉은 녹색이고 안쪽은 자주색 반점이 있다. 뿌리를 즐겨 먹는다.

번식법

주로 종자를 뿌려 번식한다. 봄에 뿌린 씨에서 싹이 트면 이듬해 봄에 뽑아서 뿌리의 직근을 조금 자르고 심는다.

분 재배법

반 그늘지고 물이 잘 빠지는 사질 토양에 부엽토를 섞어 심는다. 거름을 좋아한다.

분에 재배할 시는 약간 크고 깊은 분을 선택하여 분 밑에 굵은 마사를 깐 다음 가루를 뺀 산모래나 마사토에 부엽토를 20~30%정도 혼합하여 심고 덩굴이 올라 갈 수 있게 막대를 세워 준다. 반그늘에서 관리하고 물은 보통으로 주며 거름은 매월 1~2회 물비료를 준다.

두메부추

햇빛 관계 : 호광성 / 내한성 : 강 / 물관리 : 내건성 / 비료관리 : 척박한 토양

특성과 형태

다년생 식물로 높이 20~30cm 내외이며 살이 찐 부추와 같다. 지하부에 길이 4cm 정도의 타원형 인경이 있다. 꽃자루가 길게 올라와 그 끝에 보라빛을 띤 연분홍의 작은 꽃이 뭉쳐서 핀다. 화경의 양쪽 끝에 좁은 날개가 있고 소화경은 세로로 날개가 있다.

번식법

분갈이 때 인경을 쪼개 분주하고 10월경에 종자를 채취해서 직파하면 이듬해 봄에 발아한다.

분 재배법

양지바른 쪽에 심는다. 배수가 잘 되는 사질토가 알맞고적당하게 비옥한 토양에 심는 것이 안전하다.

분에 재배할 시는 가루를 뺀 산모래나 마사토에 심어 배수가 잘되게 하고 햇빛을 충분히 비치도록 양지에서 관리한다. 물은 보통으로 주며 거름은 물비료를 한달에 1회 정도 준다. 어린 싹과 인경을 식용할 수 있다.

산부추

햇빛 관계 : 반양, 반음 / 내한성 : 강 / 물관리 : 좋아함 / 비료관리 : 보통

특성과 형태

산지의 풀밭이나 볕이 잘드는 길가에서 자라는 다년생 식물이다. 불룩한 인경에서 몇 개의 잎이 돋아나 길게 자라고 아래쪽은 지난해 남긴 잎이 말라갈 때쯤 하나의 꽃줄기가 자라나 그 끝에서 보라색을 띤 작은 꽃들이 뭉쳐서 핀다. 근경과 함께 어린 싹은 나물로 한다. 마늘 같은 독특한 냄새가 난다.

번식법

분갈이 때 인경을 쪼개 분주하고 10월경에 종자를 채취해서 직파하면 이듬해 봄에 발아한다.

분 재배법

양지바른 쪽에 심는다. 배수가 잘 되는 사질토가 알맞고적당하게 비옥한 토양에 심는 것이 안전하다.

분에 재배할 시는 가루를 뺀 산모래나 마사토에 심어 배수가 잘되게 하고 햇빛을 충분히 비치도록 양지에서 관리한다. 물은 보통으로 주며 거름은 물비료를 한달에 1회 정도 준다. 어린 싹과 인경을 식용할 수 있다.

해오라비난초

햇빛 관계 : 호광성 / 내한성 : 강 / 물관리 : 좋아함 / 비료관리 : 좋아함

특성과 형태

다년생 식물로 높이 10~20cm 내외로 양지쪽 습지에서 자란다. 잎은 원줄기에서 돌려나오며 꽃은 백색으로 원줄기 끝에 1~3 송이 정도 달린다. 해오라기와 비슷한 모양의 꽃이 핀다.

번식법

봄에 분갈이하면서 지하경에 새로운 구가 형성되는 것을 나누어서 분구한다.

분 재배법

노지 재배의 경우 양지바른쪽에 인공 습지를 조성하여 수태물이끼를 두껍게 깔아 재배한다.
분에 재배할 시는 산모래나 마사토에 이끼를 혼합하고 햇빛을 잘들게 하며 바람이 잘 통하도록 관리한다. 공중습도가 잘 유지되도록 관리하고 거름은 하이포넥스 액비를 묽게 희석하여 엽면과 분토에 직접 살포해 주고 물이 담긴 접시 위에 올려 놓아 분의 밑에서 물이 스며들도록 하면 좋다.

해국

햇빛 관계 : 호광성 / 내한성 : 강 / 물관리 : 보통 / 비료관리 : 보통

특성과 형태

반 목본성 초본으로서 높이 30~60cm 내외로 중부 이남의 바닷가에서 자란다. 줄기는 비스듬히 옆으로 뻗어나가며 밑 부분에서 여러 갈래로 갈라진다. 잎은 어긋나며 양면에 부드러운 털이 있고 가장자리에 톱니가 있다. 꽃이 피지 않는 상록성의 생장엽은 크고 꽃줄기에 붙은 잎은 조금 작다. 연한 자주색 꽃이 꽃대 끝에 위를 보고 핀다.

번식법

포기 나누기를 하여 번식하며 새싹을 2~3마디씩 잘라 삽목하여도 뿌리를 잘 내린다. 겨울에서 이름 봄에 익은 씨를 받아 뿌리면 봄철에 돋아난다.

분 재배법

강인한 식물로 토양은 가리지 않으나 햇빛이 잘 드는 장소에서 심어서 재배하면 잘 자란다.

분에 재배할 시는 가루를 뺀 산모래나 마사토에 부엽토를 20% 정도 혼합하여 식제 한다. 거름은 깨묵 썩힌 물을 주고 햇빛을 쪼여주며 통풍이 잘 되게 하고 물과 거름은 자주 주지 않아도 잘 자란다. 분갈이는 1~2년에 한 번씩 하고 묵은 뿌리를 3분의 1정도 잘라주고 흙도 교체한다.

한국의 사계절 분재
Wild Flowers and Bonsai of Korea

초판 1쇄 발행 | 2010년 1월 10일
초판 3쇄 발행 | 2014년 2월 15일

글·사진 한국야생화연구회
한현석
펴낸곳 아이템북스
펴낸이 박효완

출판등록 2001년 8월 7일 제2-3387호
주 소 121-896 서울특별시 마포구 서교동 444-15
전 화 02-332-4327
팩 스 02-3141-4347